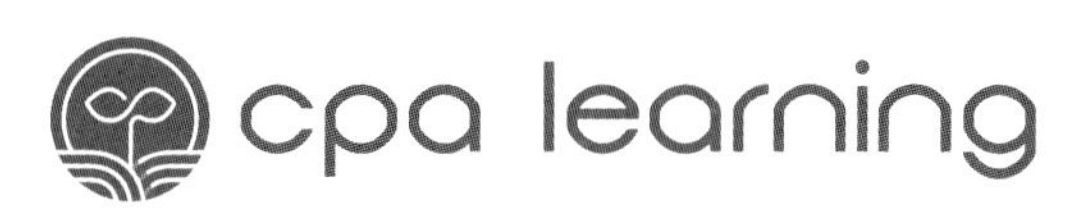

いちばんわかる日商簿記1級 工業簿記・原価計算の教科書

第II部

CPA会計学院 編著

はしがき

本書を手に取る方の多くは、いま日商簿記３級２級の勉強中、もしくは、すでに合格したという方でしょう。

日商簿記１級は日商簿記検定の最高峰に位置づけられる試験です。

簿記２級合格後の新たな目標として、簿記１級は非常におすすめです。

簿記２級においても多くのことを学習しますが、簿記会計分野の領域は非常に広く、簿記２級においてまだ学習できてないことは多々あります。

この点、簿記１級では幅広くそして奥深く学習することになるため、簿記会計に関する大きな強みを身につけることができます。

事実、簿記１級合格者は企業において高く評価されています。しかし、現状簿記１級合格者は多くないため、非常に重宝されます。合格したあかつきには、昇進や転職などキャリアアップに大きく活きることでしょう。

また簿記１級は、国家資格である公認会計士試験や税理士試験の登竜門でもあり、最終的に公認会計士を目指すという方にもおすすめです。

しかし、その分難しい試験であるという点も事実です。

そこで本書においては、難しい内容でもしっかりと身につけられ、かつ、効率的に学習できるよう以下のような特徴を持たせました。

・図や表を積極的に用いることで、理解・定着ができる。

・各論点に例題を設けることで、解く力を養うことができる。

・学習上の重要性を付すことで、効率的に学習できる。

上記に加えて最大の強みは、CPAラーニングと連動している点です。

CPAラーニングでは本書を用いた講義を実施しています。

講義動画は、CPA会計学院の公認会計士講座の講師が担当しており、本書の内容を、かみ砕いてわかりやすく解説しています。正しく理解し、効率的に学習を進めるためにも、講義を受講することをおすすめいたします。

簿記1級はその内用面、試験範囲の広さから、完全独学が難しい試験となっています。本書と合わせて、ぜひCPAラーニングをご活用して頂き、簿記１級の合格を勝ち取って下さい。

本書は、会計資格の最高峰である公認会計士試験で高い合格実績を誇るCPA会計学院が自信を持ってお贈りする一冊です。本書で学習された皆様が、日商簿記検定１級に合格されることを心より願っております。

2023年５月吉日

CPA会計学院　講師一同

■CPAラーニングを活用しよう！

いつでも、どこでも、何度でも
Web受講で理解が深まる!

CPAラーニングの特徴

✓ **プロ講師による「理解できるWEB講義」**

簿記1級を熟知した講師が試験に出やすいポイントやつまづきやすい問題などを丁寧に解説しているので、忙しい社会人の方や就活生でも効率的に最短合格を目指せます。また、WEB講義形式のため、いつでも、どこでも、何度でもご視聴いただけます。

✓ **実務で役立つ講義も受けられる**

日商簿記1級講座の受講生は経理、会計、税務、財務などスキルアップできる実務講座を学ぶことができます。基礎的な講座から応用力を鍛える講座まであるため、学習者はレベルにあった講座を選ぶことができます。資格+実務講義でキャリアアップへ導きます。

✓ **模擬試験が受け放題**

本番さながらの実力をチェックできる模擬試験を何度でも受験することができます。もちろん、分かりやすい解説付きなので苦手な論点を得意に繋げることができます。

✓ **簿記3級2級もすべて無料開放**

簿記1級にチャレンジする前に簿記3級2級の復習がすべて無料でできます。WEB講義から教科書・問題集（PDF）のダウンロードまで必要なものをご用意しています。

✓ **運営元は大手公認会計士スクール「CPA会計学院！」**

CPAラーニングは公認会計士講座を50年以上運営してきた実績あるCPA会計学院が講義を提供しています。講義は公認会計士講座の講師が担当しているので、本質が理解できるわかりやすい講義を展開します。

ご利用はこちらから

cpa-learning.com

■合格への道

1．学習を始める前に知っておくべき1級の特徴

特徴１　試験科目は４つあるが、実質２科目！

簿記１級の試験科目は「商業簿記」、「会計学」、「工業簿記」、「原価計算」の４つに分けられています。しかし、実際は「商業簿記と会計学」、「工業簿記と原価計算」がそれぞれセットであり、実質２科目です。簿記２級で言えば前者が商業簿記、後者が工業簿記です。簿記１級は、簿記２級の商業簿記と工業簿記の延長線上にあると言えます。

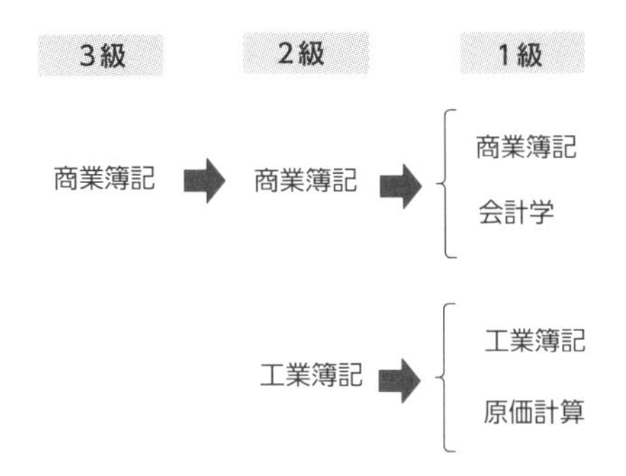

特徴２　試験範囲が広いが、得点調整がなされる！

簿記１級は試験範囲が非常に広く、時にはテキストに記載されてないような論点が出題されることもあります。しかし、簿記１級は得点調整（傾斜配点）がなされると言われます。具体的には、試験が難しく受験生の多くが点数を取れなかった場合、正答率が低い問題の配点は小さくなり、正答率が高い問題の配点が大きくなるよう調整されます。このため、難しい問題をいかに正答するかよりも、正答すべき基本的な問題をいかに失点しないかが大事な試験と言えます。

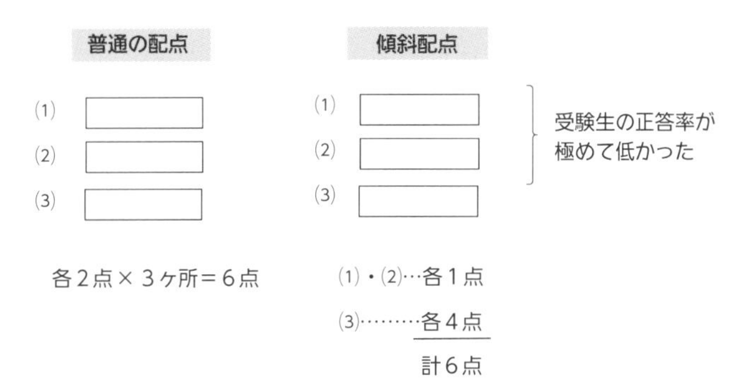

特徴３　理論問題も出題されるが、計算問題を最優先で！

簿記１級では計算問題（金額を解答する問題）だけでなく、理論問題（文章の正誤を判定する問題や語句補充問題）も出題されます。理論の出題範囲は幅広く、完璧な対応は不可能に近いです。しかし、配点は計算問題の方が多く、また、計算問題が解ければ正答できるレベルの理論問題も多いです。そのため、計算問題をしっかり解けるようにすることを最大限意識して学習するようにしましょう。

2．短期で確実に合格するために！

①　CPAラーニングの動画を見る！

簿記１級は内容的にも分量的にも、独学で合格を目指すのは非常に大変です。合格への最短ルートは、講義動画を見ることです。CPAラーニングでは、CPA会計学院の人気講師が本テキストを使用してわかりやすく講義しています。講義は、「商業簿記・会計学」と「工業簿記・原価計算」の２つありますが、並行して学習することをおすすめします。

②　重要度を意識する！

本書は「論点の説明→例題で確認」という構成にしていますが、全ての例題に重要度を明示しています。簿記１級は試験範囲が広く、網羅的に学習することは非常に大変です。また、得点調整が行われる可能性も考慮すると、難しい論点に勉強時間を充てるのは非効率な勉強とも言えます。効率的に学習するために、重要度を活用して下さい。

重要度A	どんな方も解けるようにすべき論点
重要度B	基本的に解けるようにすべきだが、余裕がない方はやらなくてよい論点
重要度C	余裕がある方のみ解けるようにすべき論点

基本的には重要度Ｂまでをしっかりと復習して、正答できる力を身につけるのがおすすめです。

もし、時間がない方は重要度Ａまでをしっかりとやって、簡単な論点のみ重要度Ｂまで手を出すようにして下さい。

③　計算問題をスラスラ解けるようにする！

上述の通り、簿記１級では理論問題も出題されますが、合格への最短ルートは計算問題をできるようにすることです。計算問題は１回復習しただけではスラスラ解けるようにはなりません。講義後、最低でも３回は例題を解くようにしましょう。

	タイミング	ここに注意！
1回目	講義後すぐに	講義を聞いただけでは解けないので、最初は解答解説を見ながらやりましょう。その後に、解答解説を見ずに自力で解いてみるようにして下さい。
2回目	１回目の復習の３日後	３日しか経ってなくても結構忘れてるので、解けなくなってるかもしれません。でも、それで大丈夫です。知識は、「忘れかけた頃に思い出す」ことで身についていくものだからです。
3回目	２回目の復習の１週間後	３回目なので論点によってはスラスラ解けるかもしれません。ただ、やっぱりすっかり忘れて解けないことも多いです。でも、それで大丈夫です。知識は、「忘れかけた頃に思い出す」ことで身についていくものだからです。

また、３回目以降も継続して復習するようにして下さい。１ヶ月〜1.5ヶ月おきに復習するのがおすすめです。３回目の復習で完璧に解けるようになったとしても、時間の経過によりだんだんと忘れてしまうので解けなくなってるかもしれません。でも、それで大丈夫です。知識は、「忘れかけた頃に思い出す」ことで身についていくものだからです。

④　基礎固めを大事にする！

簿記１級では応用的な問題も出題されます。応用的な問題は無限にパターンがあるので、全てのパターンを事前に演習することは不可能です。では､応用問題への対応力はどのように身につけるのでしょうか？

それは、基礎を徹底的に固めることです。基礎固めこそが応用力獲得の一番の近道です。そして、そのために例題を何回も反復するようにして下さい。

何回も反復すると解答数字を覚えてしまうかもしれません。しかし例題で大事なのは、解答数字を算定することよりも､「自分が何を分かっていて、何が分かってないのか」を明確にすることです。例題が解けなかったり、解けたけど解き方でちょっと迷ったり、問題文の意味が読み取れなかったり、ちょっとした勘違いをしたり、などなどスラスラ解けないことがあるはずです。

ちょっとでもスラスラ解けなかったら、そこは理解不足・定着不足という認識を持つようにして下さい。基礎をしっかりと固め、理解不足や定着不足をゼロに近づけることで合格に近づいていきます。

理解するためのコツ～自分に問いかけてみよう～

- なぜそうするのかを説明できる？
- 似た論点の違いがわかってる？
- 問題文の指示の意味がわかってる？（問題文読まずに、単にその例題の解き方を覚えちゃってない？）
- 計算式の意味がわかっている？（単に計算式を公式のように覚え、そこに数値を当てはめるだけになっていない？）

⑤　講義を受講し終えたらあとは総復習！

講義が全部終わってからは総復習の段階に入ります。全範囲を学習してみると、簿記１級の試験範囲の広さが実感でき、多くのことを学習してきたことがわかるでしょう。それは「全範囲を勉強したぞ」という自信にもつながりますが、一方で、試験範囲の広さを目の当たりにして自信をなくすかもしれません。

しかし、講義が全部終わったのなら合格まであと一歩です。合格できるかどうかは、講義を受講し終えてからの総復習にかかっています。まだ完全に身についてない論点を再度復習し、穴を一つひとつ埋めていきましょう。また、完全に身についた論点についても、忘れてしまっていないかという点を確認するようにして下さい。

これを繰り返すことで、基礎が固まり、合格するための力を身につけることができます。簿記１級は合格率の低い試験ではありますが、難しい問題を解けるようにしないと受からない試験ではありません。

講義が終われば合格まであと少しです。合格に向けて総復習、頑張って下さい。

■日商簿記検定１級について

試験概要

受験資格	なし
試験形式	年2回のペーパー試験
申込期日	受験日の約2か月前から約1か月間 （受験希望地の商工会議所によって、申込期日や申し込み方法は異なる）
受験日	6月中旬（第2日曜日）、11月下旬（第3日曜日）
受験料	税込7,850円
試験科目	商業簿記・会計学・工業簿記・原価計算
試験時間	商業簿記・会計学（90分） 工業簿記・原価計算（90分） 合計180分（途中休憩あり）
合格基準	70%以上 ただし、1科目ごとの得点は40%以上
合格発表日	受験後、約1か月後に発表（商工会議所により異なる）
筆記用具について	試験では、HBまたはBの黒鉛筆、シャープペン、消しゴムが使用可 （ラインマーカー、色鉛筆、定規等は使用不可）
計算器具について	電卓の持ち込み可（ただし、計算機能（四則演算）のみのものに限り、例えば、次の機能があるものは持ち込み不可。印刷（出力）機能、メロディー（音の出る）機能、プログラム機能（例）：関数電卓等の多機能な電卓、辞書機能（文字入力を含む）ただし、次のような機能は、プログラム機能に該当しないものとして、試験会場での使用を可とします。日数計算、時間計算、換算、税計算、検算（音のでないものに限る）
合格率	10%前後であることが多い

※　本書の刊行時のデータです。最新の情報は商工会議所のWEBサイトをご確認ください。（https://www.kentei.ne.jp/bookkeeping）

■書籍の訂正及び試験の改正情報について

発行後に判明した誤植や試験の改正については、下記のURLに記載しております。
cpa-learning.com/correction-info

目　次

第Ⅱ部

第15章　ＣＶＰ分析

第１節　ＣＶＰ分析とは …… 2

1 ＣＶＰ分析とは …… 2

2 ＣＶＰ分析の基本概念 …… 3

第２節　ＣＶＰ分析の計算 …… 4

1 固変（原価）分解 …… 4

2 基本的な分析方法 …… 7

3 ＣＶＰＣ分析 …… 11

4 その他の分析 …… 15

第３節　ＣＶＰ分析のその他の論点 …… 18

1 多品種製品のＣＶＰ分析 …… 18

2 全部原価計算におけるＣＶＰ分析 …… 20

3 感度分析 …… 23

第16章　予算管理

第１節　予算管理総論 …… 28

1 予算管理の意義 …… 28

2 予算管理の機能 …… 28

3 予算管理の手順 …… 29

第２節　予算編成 …… 30

1 総合予算の体系 …… 30

2 予算編成の流れ …… 31

第3節　予算実績差異分析 …… 34

1 予算実績差異分析 …… 34

2 売上数量差異（販売量差異）の分析 …… 47

3 予算実績差異分析のまとめ …… 53

第17章　資金管理

第１節　資金管理総論 ………… 56

1 資金管理の目的 ………… 56

2 資金（キャッシュ・フロー）の増減要因 ………… 56

第２節　資金繰り表 ………… 57

1 資金繰り表の意義 ………… 57

第18章　意思決定会計Ⅰ（戦術的意思決定）

第１節　意思決定会計総論 ………… 62

1 意思決定会計の意義 ………… 62

2 意思決定会計の分類 ………… 62

3 「原価計算基準」における「意思決定会計（特殊原価調査）」の位置づけ ………… 63

4 意思決定のプロセス ………… 63

5 会計実体と会計期間 ………… 64

6 特殊原価概念 ………… 64

7 差額原価収益分析 ………… 66

第２節　直接原価計算と戦術的意思決定 ………… 68

1 意思決定と直接原価計算の関係 ………… 68

2 関連原価の損益分岐点分析 ………… 70

第３節　価格決定 ………… 74

1 コスト・ベースとマーケット・ベース ………… 74

2 全部原価ベースと部分原価ベース ………… 74

3 マーク・アップ率 ………… 75

4 価格低限 ………… 79

第４節　最適プロダクト・ミックスの意思決定 ………… 81

1 最適プロダクト・ミックスを決定する必要性 ………… 81

2 判断基準 ………… 81

3 共通の制約条件が１つの場合 ………… 82

4 共通の制約条件が２つ以上の場合 ………… 83

第５節　部品の自製か購入かの意思決定 ………… 88

1 意義 ………… 88

2 現在保有している遊休生産能力を利用するケース ………… 88

3 遊休生産能力が生じるケース ………… 89

4 遊休生産能力が無いケース ………… 91

第6節　受注可否の意思決定 …… 94
1 意義 …… 94
2 判断基準 …… 94
第7節　追加加工の可否の意思決定 …… 98
1 意義 …… 98
2 判断基準 …… 98
第8節　経済的発注量（economic order quantity：ＥＯＱ）分析 …… 100
1 経済的発注点の意義 …… 100
2 経済的発注量の意義 …… 101
3 経済的発注量の計算 …… 101
第9節　セグメントの廃止か継続かの意思決定 …… 106
1 意義 …… 106
2 判断基準 …… 106
3 生産中止点売上高の算定 …… 106

第19章　意思決定会計Ⅱ（戦略的意思決定）

第1節　戦略的意思決定の基礎概念 …… 110
1 戦略的意思決定と設備投資意思決定 …… 110
2 設備投資意思決定の特徴 …… 110
3 貨幣の時間価値 …… 111
4 資本コスト率の設定 …… 114
第2節　プロジェクトの評価方法 …… 116
1 プロジェクトの評価方法の種類 …… 116
2 正味現在価値法(ＮＰＶ) …… 116
3 現在価値指数法（収益性指数法） …… 118
4 内部利益率法(ＩＲＲ) …… 120
5 回収期間法 …… 124
6 投下資本利益率法 …… 126
第3節　キャッシュ・フローの把握 …… 128
1 取引とキャッシュ・フロー …… 128
2 タックス・シールド …… 130
3 営業利益とキャッシュ・フロー …… 133
4 正味運転資本に対する投資額 …… 136

第４節　取替投資 …… 139
1 取替投資の意義 …… 139
2 キャッシュ・フローの把握 …… 139
3 売却時点とタックス・シールドの発生時点 …… 142
4 生産能力が拡張する場合 …… 147
第５節　耐用年数 …… 149
1 意思決定上の耐用年数と法定耐用年数 …… 149
2 耐用年数が異なる相互排他的投資案の比較 …… 150
第６節　リースか購入かの意思決定 …… 152
1 リースか購入かの意思決定 …… 152

第20章　戦略的原価計算

第１節　原価管理（コスト・マネジメント） …… 156
1 標準原価管理の役割低下 …… 156
2 原価企画の意義・目的 …… 157
3 原価管理（コスト・マネジメント）の体系 …… 158
4 原価企画のプロセス …… 159
第２節　ライフサイクル・コスティング …… 163
1 ライフサイクル・コスティングの意義 …… 163
2 製品ライフサイクル・コスト …… 163
3 ライフサイクル・コスティングのタイプ …… 164
第３節　品質管理会計 …… 166
1 製品の品質概念 …… 166
2 品質原価計算と品質原価 …… 166
3 品質原価のトレード・オフ関係 …… 167
第４節　生産・在庫管理と管理会計 …… 170
1 ＪＩＴ生産方式 …… 170
2 バックフラッシュ・コスティング …… 170
3 ＴＯＣとスループット会計 …… 174
第５節　活動基準原価計算（ＡＢＣ：Activity Based Costing） …… 179
1 ＡＢＣ誕生の背景 …… 179
2 活動基準原価計算（Activity Based Costing：ＡＢＣ）の意義・目的 …… 180
3 ＡＢＣの諸概念 …… 180
4 ＡＢＣの計算構造 …… 181

5 ＡＢＣと伝統的原価計算 184

第21章　分権組織とグループ経営の管理会計

第１節　事業部制会計の基礎知識 186
1 責任会計の意義 186
2 職能別組織と事業部制組織の比較 186
3 事業部別損益計算書 187
第２節　事業部の業績評価 190
1 業績評価の対象 190
2 投資利益率（ＲＯＩ）と残余利益（ＲＩ） 190
3 事業部長の業績評価 191
4 事業部自体の業績評価 192
5 本社費・共通費の配賦 194
第３節　内部振替価格 198
1 内部振替価格の意義・設定目的 198
2 内部振替価格の種類 198
3 市価基準の適用 199
4 原価基準の適用 204
第４節　経済付加価値（Economic Value added：EVA®） 210
1 経済付加価値（ＥＶＡ）の計算式 210
2 業績評価指標としてのＥＶＡ 210

索　引　213

第 I 部

第1章　原価計算総論
第2章　材料費会計
第3章　労務費会計
第4章　経費会計
第5章　製造間接費会計
第6章　部門別計算
第7章　個別原価計算
第8章　単純総合原価計算
第9章　工程別総合原価計算
第10章　組別総合原価計算
第11章　等級別総合原価計算
第12章　連産品
第13章　標準原価計算
第14章　直接原価計算
付　録　原価計算基準

第15章

ＣＶＰ分析

第１節　ＣＶＰ分析とは

1　ＣＶＰ分析とは

(1)　ＣＶＰ分析の意義

ＣＶＰ分析とは、**営業量**（Volume）が変化したとき、**原価**（Cost）と**利益**（Profit）がどのように変化するかを分析することである。

(2)　ＣＶＰ分析の目的

ＣＶＰ分析の目的は**短期利益計画**にある。具体的には、来年度の利益計画を設定するに際して、目標利益を達成するための**利益改善策の探求**においてＣＶＰ分析が行われる。

(3)　ＣＶＰ分析の前提条件

ＣＶＰ分析においては、以下のような仮定が存在する。

①　販売価格は営業量に関係なく一定である。
②　変動費は営業量に比例して変化する。
③　固定費は営業量に関係なく一定である。
④　複数製品が存在する場合、セールス・ミックスは一定である。
⑤　生産量と販売量は等しい。

2 CVP分析の基本概念

(1) 限界利益（貢献利益）

限界利益とは、売上高から変動費を控除した額であり、固定費を回収し、利益の発生に貢献する額を意味する。**売上高と変動費は比例して増減するため、限界利益も比例して増減する**。なお、限界利益と同様の意味合いで、**貢献利益**という言葉が使われることがある。

損益計算書

Ⅰ	売上高	×××
Ⅱ	変動費	×××
	限界利益	×××
Ⅲ	固定費	×××
	営業利益	×××

限界利益 ＝売上高 － 変動費
　　　　 ＝固定費 ＋ 営業利益

(2) 限界利益率

限界利益率とは、**売上高に対する限界利益の割合**である。

$$限界利益率 = \frac{限界利益}{売上高}$$

(3) 変動費率

変動費率とは、売上高に対する変動費の割合である。なお、**限界利益率と変動費率の合計は必ず1**になる。

$$変動費率 = \frac{変動費}{売上高}$$

限界利益率 ＋ 変動費率 ＝ 100%

第２節　ＣＶＰ分析の計算

1 固変（原価）分解

(1) 意義

ＣＶＰ分析において重要なことは、営業量（操業度）が増減したときに原価がどの様に反応するかを知ることである。そのため、原価要素は、**操業度との関連に基づいて、変動費と固定費とに分解する**必要があるが、これを固変（原価）分解という。

(2) 固変分解の種類

固変分解の種類は、統計的データに基づく方法とＩＥ法があり、前者はさらにいくつかの方法に分けられる。なお、統計的データに基づく方法は、正常操業圏内のデータのみ使用する点に注意。

統計的データに基づく方法
- ① 勘定科目精査法（費目別精査法）
- ② 高低点法
- ③ スキャッター・チャート法
- ④ 最小自乗法（回帰分析法）

⑤ IE（インダストリアル・エンジニアリング）法

① 勘定科目精査法（費目別精査法）

勘定科目精査法とは、勘定ごとに、固定費か変動費かを１つずつ検討する方法である。

長所	・会計担当者の経験や知識によって行うため、簡単でコストがかからない。
短所	・手続きが主観的であり、信頼性が乏しい。

② 高低点法

高低点法とは、過去のデータから、最高操業度時と最低操業度時の２点から原価の推移を直線とみなして変動費率と固定費を計算する方法である。

長所	・計算が簡単で適用しやすい。 ・手続きに客観性がある。
短所	・たった２点でもって原価の推移全体を把握するのには無理がある。 ・最高点や最低点は異常値であることが多い。

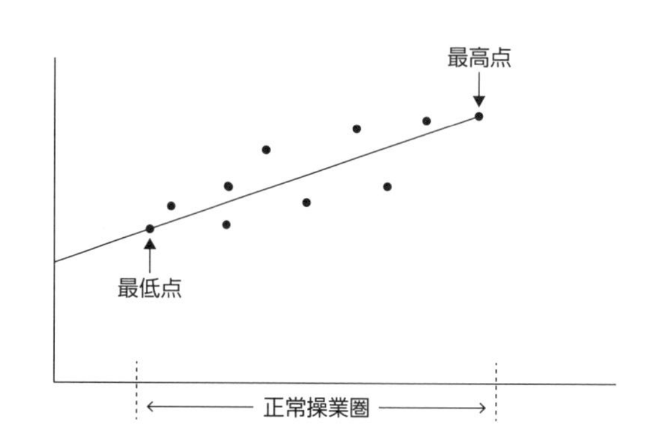

③　スキャッター・チャート法（ビジュアル・フィット法）

スキャッター・チャート法とは、過去のデータをプロットし、そこから原価を表す１次式を目視により算定し、固定費と変動費とに分解する方法である。

長所	・計算が簡単で適用しやすい。 ・すべてのデータを使用している。
短所	・目分量で原価直線を推定するため、客観性にかける。

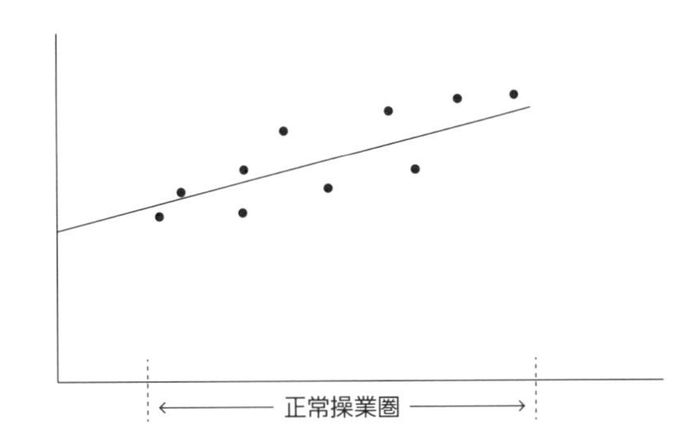

④　最小自乗法（回帰分析法）

最小自乗法とは、残差の自乗和を最小にするようにパラメーター値を決める統計学上の推定法であり、理論的に最も優れている方法である。具体的には、操業度をｘ、原価額をｙ、項目数をｎとして、以下の連立方程式を解くことで、変動費率（ｂ）と固定費額（ａ）と求める方法である。

①　$\Sigma y = b\Sigma x + na$
②　$\Sigma xy = b\Sigma x^2 + a\Sigma x$

長　所	・理論的に最も優れている。

⑤　ＩＥ（インダストリアル・エンジニアリング）法

インプットとアウトプットとの関係を工学的に測定し、それによって算定された関数関係から、固定費と変動費とに分解する方法である。

長所	・インプットとアウトプットとの因果関係が直接に跡付けられる直接費の測定に有用である。 ・過去の資料が得られない新製品の原価分解に適用できる。
短所	・インプットとアウトプットとの因果関係が間接的で把握できない間接費の測定が困難である。 ・適用するためにかなりの手数とコストがかかる。

■ 例題1　原価分解（固変分解）

当社では、短期利益計画の策定においてＣＶＰ分析を行うために、製造間接費の原価分解を行っている。そこで、以下の資料に基づいて、各問に答えなさい。

1．4月～10月のデータ

月	4月	5月	6月	7月	8月	9月	10月
操　業　度	600 h	540 h	660 h	720 h	480 h	600 h	450 h
製造間接費	43,200円	41,400円	42,600円	44,400円	39,600円	40,800円	38,000円

2．正常操業圏は基準操業度を600 h とするとき、80％から120％である。

問1　高低点法によって原価分解を行い、変動費率と固定費の金額を答えなさい。　重要度A

問2　回帰分析法によって原価分解を行い、変動費率と固定費の金額を答えなさい。　重要度C

■ 解答解説

問1

変動費率：（44,400円（7月）－ 39,600円（8月））÷（720 h － 480 h）＝@20円／h

固定費額：44,400円－@20円／h × 720 h ＝ 30,000円

※　10月は正常操業圏外にあるため、使用しない。

問2

項目数	操業度（x）	（x^2）	（x y）	原価（y）
4月	600	360,000	25,920,000	43,200
5月	540	291,600	22,356,000	41,400
6月	660	435,600	28,116,000	42,600
7月	720	518,400	31,968,000	44,400
8月	480	230,400	19,008,000	39,600
9月	600	360,000	24,480,000	40,800
（n）＝6	3,600	2,196,000	151,848,000	252,000

$\Sigma x = 3{,}600$　　$\Sigma x^2 = 2{,}196{,}000$　　$\Sigma xy = 151{,}848{,}000$　　$\Sigma y = 252{,}000$円

①　$252{,}000 = 3{,}600b + 6a$

②　$151{,}848{,}000 = 2{,}196{,}000b + 3{,}600a$

よって、b（変動費率）＝@18円／h　　a（固定費額）＝31,200円

2 基本的な分析方法

(1) 損益分岐点

① 意義

損益分岐点とは、**利益がゼロとなる点**のことであり、売上高もしくは販売量で示される。通常は、営業利益がゼロとなる点を算定するが、営業外損益を含めて計算する場合には、営業外収益は固定費から控除し、営業外費用は固定費に加算する。

② 計算式

損益分岐点では、「**限界利益＝固定費**」となっている。そのため、以下のようにして損益分岐点売上高及び損益分岐点販売量を算定する。

$$損益分岐点売上高 = \frac{固定費}{限界利益率}$$

$$損益分岐点販売量 = \frac{固定費}{製品単位当たりの限界利益}$$

③ 損益分岐図表

損益分岐点を図表で表すと以下のようになる。左の図だと限界利益が分かれて表示されてしまうため、変動費の上に固定費を書く右の図が望ましい。

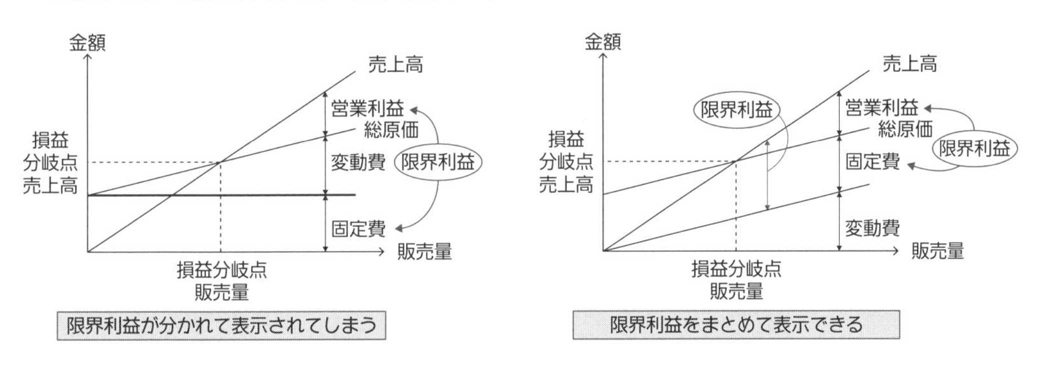

④ 限界利益図表

限界利益図表は、損益分岐図表と基本的に同様であるが、売上高と変動費を相殺して限界利益だけで表示したものである。

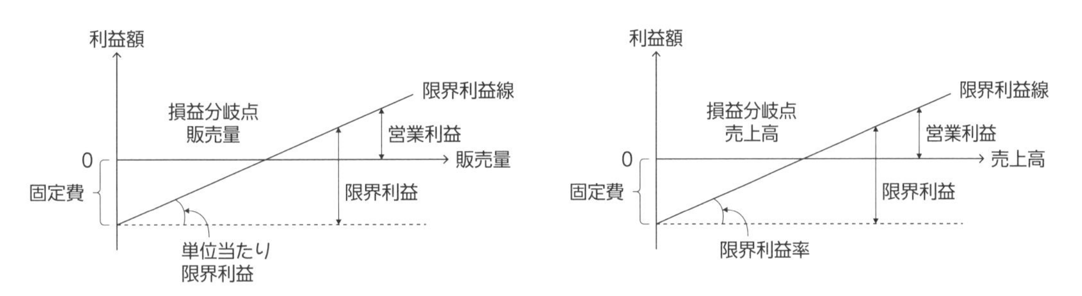

■ 例題２　損益分岐点の算定①　重要度A

以下の資料に基づき、損益分岐点売上高、及び損益分岐点販売量を求めなさい。

1．製品単位当たりの販売価格は@800円/個である。
2．製品単位当たりの変動製造原価は@300円/個である。
3．製品単位当たりの変動販売費は@100円/個である。
4．固定製造原価は30,000円である。
5．固定販売費は20,000円である。

■ 解答解説

製品単位当たり限界利益：（@800円/個－@300円/個－@100円/個）＝@400円/個
限界利益率：@400円/個÷@800円/個＝50％
損益分岐点売上高：（30,000円＋20,000円）÷50％＝100,000円
損益分岐点販売量：（30,000円＋20,000円）÷@400円/個＝125個
（別解法）　：100,000円÷@800円/個＝125個

■ 例題３　損益分岐点の算定②　重要度A

以下の資料に基づき、損益分岐点売上高、及び損益分岐点販売量を求めなさい。

1．製品単位当たりの販売価格は@500円/個である。
2．変動費率は60％である。
3．固定費は80,000円である。

■ 解答解説

損益分岐点売上高：80,000円÷(1－60％)＝200,000円
損益分岐点販売量：200,000円÷@500円/個＝400個

⑵　目標営業利益（目標売上利益率）達成点

目標営業利益達成点では、「限界利益＝固定費＋目標営業利益」となっている。そのため、以下のようにして目標営業利益達成売上高、目標営業利益達成販売量、及び目標売上利益率達成売上高を算定する。

$$目標営業利益達成売上高 = \frac{固定費 + 目標利益}{限界利益率}$$

$$目標営業利益達成販売量 = \frac{固定費 + 目標利益}{製品単位当たりの限界利益}$$

$$目標売上利益率達成売上高 = \frac{固定費}{限界利益率 - 目標営業利益率}$$

■ 例題4　目標営業利益達成点の算定①　重要度A

以下の資料に基づき、目標営業利益20,000円を達成する売上高、及び販売量を求めなさい。

1．製品単位当たりの販売価格は@500円/個である。
2．変動費率は60%である。
3．固定費は80,000円である。

■ 解答解説

目標利益達成売上高：（80,000円＋20,000円）÷40%＝250,000円
目標利益達成販売量：250,000円÷@500円/個＝500個
（別解法）　：（80,000円＋20,000円）÷（@500円/個×40%）＝500個

■ 例題5　目標営業利益達成点の算定②　重要度A

以下の資料に基づき、目標営業利益率15%を達成する売上高、及び販売量を求めなさい。

1．製品単位当たりの販売価格は@500円/個である。
2．変動費率は60%である。
3．固定費は80,000円である。

■ 解答解説

目標利益率達成売上高：80,000円÷（40%－15%）＝320,000円
目標利益率達成販売量：320,000円÷@500円/個＝640個

■ 例題6　目標営業利益達成点の算定③

重要度A

以下の資料に基づき、目標営業利益額13,000円を達成する売上高、及び販売量を求めなさい。なお、計算上生じた端数は合理的に処理すること。

1．製品単位当たりの販売価格は@700円／個である。
2．変動費率は60%である。
3．固定費は80,000円である。

■ 解答解説

目標利益達成売上高：(80,000円＋13,000円）÷（1－60%）＝232,500円
目標利益達成販売量：232,500円÷@700円／個≒332.1・・・個　→　333個
（別解法）　：(80,000円＋13,000円）÷（@700円／個×40%）≒332.1・・・個　→　333個

重要ポイント！！！
売上高を求める際には、販売価格で割り切れない数値が解答となる場合があるが、販売数量を求める際には、端数で解答できないため、小数点未満を切り上げて整数で答える必要がある。

3 ＣＶＰＣ分析

(1) 意義

ＣＶＰＣ分析とは、ＣＶＰ分析に加え、経営過程に投下されている**資本の効率的運用と回収をも考慮した分析手法**である。

(2) 資本利益率

ＣＶＰＣ分析では、**目標値として**経営資本営業利益率や総資本経常利益率などの**資本利益率が用いられる**。なお、資本利益率は、資本に対する利益の割合を示すものである。

① 経営資本営業利益率

経営資本営業利益率は、**生産販売活動の収益性を示す指標**である。経営資本とは、総資本のうち実際に営業に役立っている資本であり、単に利子配当を目的とする投資や未稼働の固定資産に対する投資は除かれる。具体的には、総資本から建設仮勘定、投資その他の資産、及び繰延資産を控除したものである。

$$経営資本営業利益率 = \frac{営業利益}{経営資本}$$

② 総資本経常利益率

総資本経常利益率は、**財務活動をも含めた経常的な企業活動の収益性を示す指標**である。

$$総資本経常利益率 = \frac{経常利益}{総資本}$$

(3) 資本利益率の分解

資本利益率は、**売上高利益率と資本回転率に分解**できる。

売上高利益率は製品やサービスのマージン率を意味し、資本回転率は投下資本の売上高による回転速度を意味する。すなわち、資本利益率を分解することで、その良否の原因が、製品やサービスのマージン率にあるのか、資本の利用効率にあるのかを判断できるようになる。

$$\begin{aligned}資本利益率 &= \frac{利益}{資本}\\ &= \frac{利益}{売上高} \times \frac{売上高}{資本}\\ &= 売上高利益率 \times 資本回転率\end{aligned}$$

(4) 資本回収点売上高

資本回収点売上高とは、**投下資本を１回転させるときの売上高**である。すなわち、**投下資本の金額と売上高の金額が一致するときの金額**である。

■ 例題７　資本利益率と資本回収点売上高　重要度A

以下の資料に基づき、各問に答えなさい。

1．製品単位当たりの販売価格は@1,000円/個であり、限界利益率は40%である。
2．計画販売数量は8,000個である。
3．年間の固定製造費用と固定販売費の金額は合計で2,400,000円である。
4．営業外収益は600,000円であり、営業外費用は400,000円である。
5．年間使用総資本の金額は3,200,000円である。
6．法人税率は40%とする。

問1　計画販売数量における税引前総資本経常利益率を求めなさい。
問2　問1で算定した資本利益率を売上高利益率と資本回転率に分解しなさい。
問3　税引後総資本経常利益率21%を達成するときの売上高及び販売数量を求めなさい。
問4　資本回収点売上高を算定しなさい。

■ 解答解説

問1

税引前経常利益：@1,000円/個×40%×8,000個－2,400,000円＋600,000円－400,000円＝1,000,000円
税引前総資本経常利益率：1,000,000円÷3,200,000円＝31.25%

問2

売上高：@1,000円/個×8,000個＝8,000,000円
売上高利益率：1,000,000円÷8,000,000円＝12.5%
資本回転率：8,000,000円÷3,200,000円＝2.5回転

問3

必要税引後経常利益額：3,200,000円×21%＝672,000円
必要税引前経常利益額：672,000円÷（1－40%）＝1,120,000円
目標税引後総資本経常利益率を達成する売上高
（1,120,000円＋400,000円－600,000円＋2,400,000円）÷40%＝8,300,000円
目標税引後総資本経常利益率を達成する販売量
8,300,000円÷@1,000円/個＝8,300個

問4

資本回収点売上高は、使用総資本と一致する売上高であるため、3,200,000円となる。

(5) 変動的資本と固定的資本

資本も原価と同様に、操業度（営業量）との関係で、変動的資本と固定的資本に分類できる。

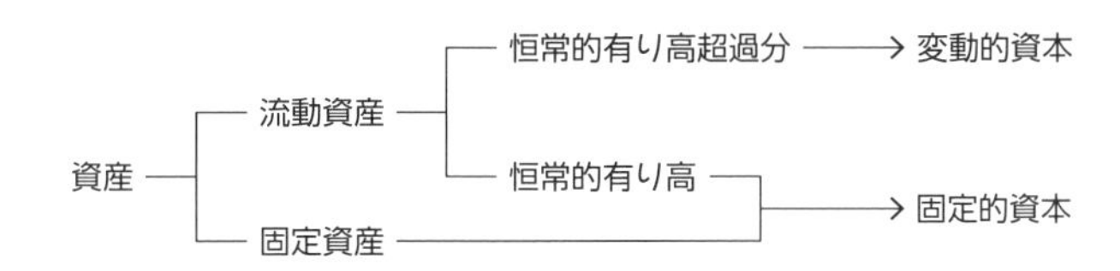

① 変動的資本

変動的資本とは、**操業度（営業量）に比例して増減する資本**であり、流動資産から固定的な有り高を差し引いたものである。例えば、操業度が増加すると売上債権や棚卸資産等の有り高が増加するが、これによって資本を追加的に調達する必要がある。このような資産に投下された資本が変動的資本である。

なお、売上と変動的資本はともに、操業度（営業量）に比例して増減するため、**売上高に対する変動的資本の比率**も一定となるが、これを**変動的資本比率（変動資本率）**という。

$$変動的資本比率（変動資本率）= \frac{変動的資本}{売上高}$$

$$変動的資本の金額 = 変動的資本比率 \times 売上高$$

② 固定的資本

固定的資本とは、**操業度（営業量）に関係なく一定額保有する資本**であり、**固定資産と流動資産のうちの固定的な有り高の合計**である。例えば、操業度が増加しても土地や建物、設備等の有り高は増加せず、追加的に資本を調達する必要が無い。このような資産に投下された資本が固定的資本である。

■ 例題8　変動的資本と固定的資本　重要度B

以下の資料に基づき、各問に答えなさい。

1．製品単位当たりの販売価格は@800円/個であり、限界利益率は40%である。
2．計画販売数量は10,000個である。
3．年間の固定製造費用と固定販売費の金額は合計で2,000,000円である。
4．年間使用経営資本の金額は、変動的資本が1,600,000円であり、固定的資本が3,200,000円である。

問1　変動的資本比率を求めなさい。
問2　計画販売数量における経営資本営業利益率を求めなさい。
問3　経営資本営業利益率12.5%を達成するときの売上高及び販売数量を求めなさい。
問4　資本回収点売上高を算定しなさい。

■ 解答解説

問1

計画売上高：@800円/個×10,000個＝8,000,000円

変動的資本比率：1,600,000円÷8,000,000円＝20％

問2

営業利益：8,000,000円×40％－2,000,000円＝1,200,000円

経営資本営業利益率：1,200,000円÷4,800,000円＝25％

問3

目標経営資本営業利益率を達成するときの売上高をXと置く

X×40％－2,000,000円＝（X×20％＋3,200,000円）×12.5％　∴　X＝6,400,000円

目標経営資本営業利益率を達成するときの販売量

6,400,000円÷@800円/個＝8,000個

問4

資本回収点売上高をXと置く

X＝X×20％＋3,200,000円　∴　X＝4,000,000円

4 その他の分析

⑴ 安全余裕率

① 意義

安全余裕率とは、**予想売上高が損益分岐点売上高からどの程度離れているかを示す指標**であり、企業活動における**安全性を示す指標**である。例えば、安全余裕率が30％であるならば、売上高が30％減少しても損失は生じないということを意味している。そのため、安全余裕率が高ければ高いほど、売上高の減少というリスクに対する安全性が高いことを示している。

② 計算式

安全余裕率は、安全余裕額（予想売上高から損益分岐点売上高を控除した額）を予想売上高で除すことで算定する。

安全余裕額 ＝ 予想売上高 － 損益分岐点売上高

$$\text{安全余裕率} = \frac{\text{安全余裕額}}{\text{予想売上高}}$$

⑵ 損益分岐点比率

① 意義

損益分岐点比率とは、**予想売上高に対する損益分岐点売上高の割合**を示すものである。

② 計算式

損益分岐点比率は、損益分岐点売上高を予想売上高で除すことで算定する。なお、損益分岐点売上高と安全余裕額の合計は予想売上高と一致する。すなわち、**損益分岐点比率と安全余裕率は補数の関係**にあり、その**合計は必ず100％**になる。

$$\text{損益分岐点比率} = \frac{\text{損益分岐点売上高}}{\text{予想売上高}}$$

損益分岐点売上高 ＋ 安全余裕額 ＝ 予想売上高

損益分岐点比率 ＋ 安全余裕率 ＝ 100％

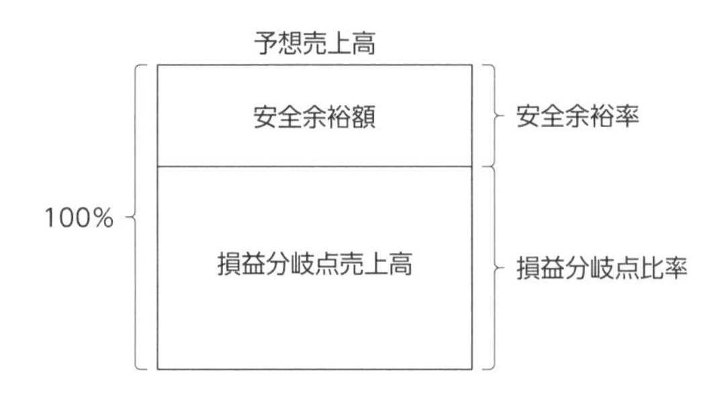

■ 例題９　安全余裕率と損益分岐点比率

重要度Ａ

以下の資料に基づき、安全余裕率、及び損益分岐点比率を求めなさい。

１．製品単位当たりの販売価格は@500円/個である。
２．変動費率は60%である。
３．固定費は30,000円である。
４．次期の予想販売数量は240個である。

■ 解答解説

予想売上高：240個×@500円/個＝120,000円
損益分岐点売上高：30,000円÷（1－60%）＝75,000円
安全余裕額：120,000円－75,000円＝45,000円
安全余裕率：45,000円÷120,000円＝37.5%
損益分岐点比率：75,000円÷120,000円＝62.5%
（別解法）　：100%－37.5%＝62.5%

⑶　経営レバレッジ係数

① 意義

経営レバレッジ係数とは、**営業量が変化したときに営業利益がどの程度変化するかを示す指標**であり、企業経営における**固定費利用度を測定する尺度**である。なお、レバレッジとはテコを意味し、固定費が大きいほど、営業量の変化により営業利益の変化も大きくなる。

② 計算式

経営レバレッジ係数は、限界利益を営業利益で除すことで算定できる。

$$経営レバッジ係数 = \frac{限界利益}{営業利益}$$

営業利益増加額 ＝ 営業利益 × 経営レバレッジ係数 × 売上高増加率

■ 例題10　経営レバレッジ係数

重要度Ａ

以下の資料に基づき、各問に答えなさい。

1．製品単位当たりの販売価格は@1,000円/個である。
2．変動費率は60%である。
3．固定費は150,000円である。
4．次期の計画販売数量は625個である。

問１　経営レバレッジ係数を算定しなさい。

問２　売上高が計画よりも20%多かった場合、営業利益はいくら増加するか、答えなさい。

■ 解答解説

問１

限界利益：@1,000円/個×（1－60%）×625個＝250,000円

営業利益：250,000円－150,000円＝100,000円

経営レバレッジ係数：250,000円÷100,000円＝2.5

問２

営業利益の増加額：100,000円×2.5×20%＝50,000円

参考 経営レバレッジ係数と営業利益増加額の証明式

$$\text{営業利益増加額} = \text{営業利益} \times \text{経営レバレッジ係数} \times \text{売上高増加率}$$

$$= \text{営業利益} \times \frac{\text{限界利益} \times \text{売上高増加率}}{\text{営業利益}}$$

$$= \text{営業利益} \times \frac{\text{限界利益増加額}}{\text{営業利益}}$$

$$= \text{営業利益増加額}$$

第3節　ＣＶＰ分析のその他の論点

1　多品種製品のＣＶＰ分析

⑴　損益分岐点の算定

多品種製品のＣＶＰ分析では、製品の販売量が増減してもその中に占める各製品の構成割合すなわち**セールス・ミックスは一定という仮定**を置いた上で分析を行う。

なお、セールス・ミックスが一定とは、①販売量の割合が一定、もしくは②売上高構成割合が一定、のどちらかを意味している。

①　販売量割合が一定の場合

販売量割合が一定の場合には、**各製品の数量が最小となる組合せをワンセット**として考え、単一製品のようにみなして解く。

②　売上高構成割合が一定の場合

売上高構成割合が一定の場合には、**各製品の限界利益率を加重平均**し、単一製品のようにみなして解く。

具体例

1．各製品の販売価格および変動費

	製品Ａ	製品Ｂ
販売価格	@200円	@400円
変動費	@100円	@240円
限界利益	@100円	@160円
限界利益率	50%	40%

2．当期の固定費の金額は168,000円である。

3．セールス・ミックスは「Ａ：Ｂ＝４：１」となるようにする。

〔ケース１〕　販売量の割合が一定の場合

各製品の数量が最小となる組合せは、製品Ａが４個、製品Ｂが１個のセットである。

ワンセット当たり限界利益額：@100円×４＋@160円×１＝@560円

ワンセット当たり売上高：@200円×４＋@400円×１＝@1,200円

損益分岐点販売量：168,000円÷@560円＝300セット　　∴　製品Ａ＝1,200個、製品Ｂ＝300個

損益分岐点売上高：1,200個×@200円＋300個×@400円＝360,000円

〔ケース２〕　売上高の割合が一定の場合

加重平均限界利益率：(50%×４＋40%×１）÷５＝48%

損益分岐点売上高：168,000円÷48%＝350,000円

(内訳)　製品Ａ売上高：350,000円÷（４＋１）×４＝280,000円

製品Ｂ売上高：350,000円÷（４＋１）×１＝70,000円

損益分岐点販売量

製品Ａ：280,000円÷@200円＝1,400個

製品Ｂ：70,000円÷@400円＝175個

■ 例題11　複数製品のＣＶＰ分析①　重要度Ａ

当社は製品Ａ、Ｂ、Ｃを生産・販売している。以下の資料に基づき、各問に答えなさい。

	販売単価	単位変動費
Ａ	400円	250円
Ｂ	200円	100円
Ｃ	1,000円	600円

※　固定費はＡ、Ｂ、Ｃ共通で83,000千円である。

問１　販売数比率が「Ａ：Ｂ：Ｃ＝６：３：１」のとき、損益分岐点売上高を求めなさい。

問２　問１の場合で、目標営業利益率15％を達成する売上高を求めなさい。

問３　売上高比率が「Ａ：Ｂ：Ｃ＝６：３：１」のとき、損益分岐点売上高を求めなさい。

問４　問３の場合で、目標営業利益16,600千円を達成する売上高を求めなさい。

■ 解答解説

問１

製品Ａ、製品Ｂ、製品Ｃがそれぞれ６単位、３単位、１単位である組合せをワンセットとする。

ワンセット当たりの売上高：400円×６＋200円×３＋1,000円×１＝4,000円

ワンセット当たりの変動費：250円×６＋100円×３＋600円×１＝2,400円

ワンセット当たりの限界利益：4,000円－2,400円＝1,600円

ワンセット当たりの限界利益率：1,600円÷4,000円＝40％

損益分岐点売上高：83,000千円÷40％＝207,500千円

問２

目標売上営業利益率を達成する売上高：83,000千円÷（40％－15％）＝332,000千円

問３

各製品の限界利益率

製品Ａ：（400円－250円）÷400円＝37.5％

製品Ｂ：（200円－100円）÷200円＝50％

製品Ｃ：（1,000円－600円）÷1,000円＝40％

加重平均限界利益率：（37.5％×６＋50％×３＋40％×１）÷10＝41.5％

損益分岐点売上高：83,000千円÷41.5％＝200,000千円

問４

目標営業利益を達成する売上高：（83,000千円＋16,600千円）÷41.5％＝240,000千円

2　全部原価計算におけるＣＶＰ分析

(1)　生産量＝販売量の仮定

生産量と販売量が等しいという仮定は、固定製造間接費を期間原価処理する直接原価計算においては不要であるが、**全部原価計算においては必要**な仮定である。

具体例

1．販売価格は@500円である。
2．製品単位当たりの変動製造原価は@200円である。
3．当期の固定製造原価は2,000円である。
4．製品単位当たりの変動販売費は@100円である。
5．当期の固定販売費は1,000円である。
6．全部原価計算を採用する場合には、固定製造原価は正常生産量20個を基準に製品に配賦する。

〔ケース１〕　直接原価計算における損益分岐点販売量

製品１単位の販売の都度得られる利益額（限界利益）：@200円

直接原価計算においては、固定製造間接費は期間原価処理されるため、上記限界利益で回収しなければならないのは、固定製造間接費と固定販売費である。

損益分岐点販売量：(2,000円＋1,000円）÷（@500円－@200円－@100円）＝15個

〔ケース２〕　生産量＝販売量のときの全部原価計算における損益分岐点販売量

全部原価計算においては、固定製造間接費は製品原価として処理されるため、正常生産量（基準操業度）20個を基準に配賦されることになる。

この場合、(計画）生産量と正常生産量との固定費の差額は操業度差異として認識されることになり、これをすべて売上原価に賦課するとすれば、当該操業度差異も費用計上される。ここで、生産量と販売量が一致するならば、当期発生の固定製造間接費はすべて売上原価として認識され、結果として直接原価計算の場合と結論が一致することになる。

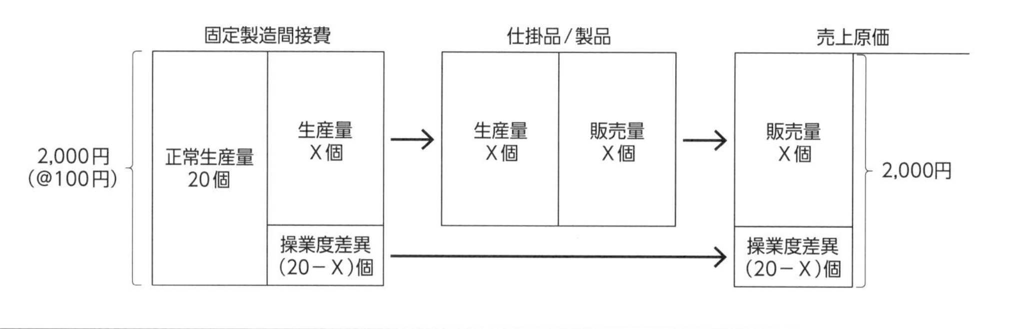

重要ポイント！！！
生産量＝販売量であるならば、直接原価計算でも全部原価計算でも計算結果は一致する。

⑵ 生産量≠販売量のときの全部原価計算における損益分岐点販売量

（計画）生産量が確定しており、かつ正常生産量と異なる場合、**（計画）生産量と正常生産量との差に当たる固定製造間接費部分を操業度差異として認識**し、当該操業度差異部分と販売量に対応する部分の固定製造間接費のみ回収すれば良く、在庫部分の固定製造間接費は費用化されないため回収する必要が無い。

具体例

1．販売価格は@500円である。
2．製品単位当たりの標準変動製造原価は@200円である。
3．当期の固定製造原価は2,000円である。なお、正常生産量20個を基準に標準配賦する。
4．製品単位当たりの標準変動販売費は@100円である。
5．当期の固定販売費は1,000円である。
6．当期の計画生産量は18個である。なお当期首に棚卸資産在庫はない。

固定製造間接費の動きを勘定で示すと以下のようになる

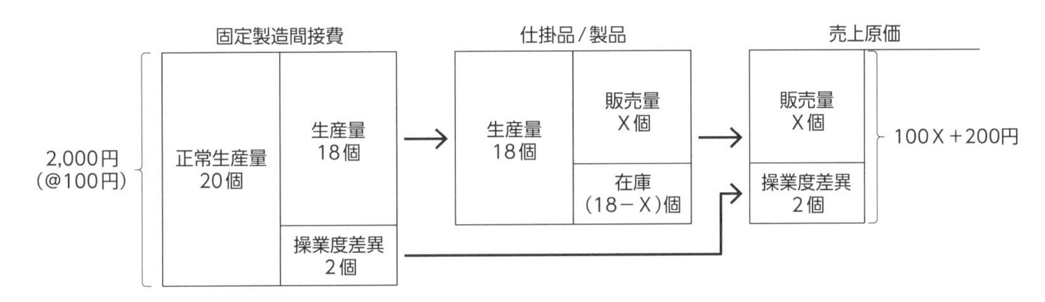

全部原価計算による損益計算書

売上高	500 X
売上原価	(200＋100) X＋200
売上総利益	200 X－200
販管費	100 X＋1,000
営業利益	100 X－1,200

$$\text{損益分岐点販売量} = \frac{\text{固定販売費及び一般管理費} \pm \text{操業度差異}}{\text{単位当たり売上総利益} - \text{単位当たり変動販売費}}$$

※ 操業度差異は、不利差異ならばプラス、有利差異ならばマイナスとして計算する

上記公式を利用して解くと

$$\text{損益分岐点販売量} = \frac{1{,}000\text{円} + 200\text{円}}{@200\text{円} - @100\text{円}}$$

$$= 12\text{個}$$

■ 例題12　全部原価計算におけるＣＶＰ分析

以下の資料に基づき、各問に答えなさい。

1．製品単位当たりのデータ

販売単価	1,000円
直接材料費	100円
直接労務費	200円
製造間接費	300円
売上総利益	400円

※　直接費はすべて変動費である。

2．固定製造間接費予算

(1)　固定製造間接費年間予算額：600,000円

(2)　年間基準操業度：3,000個

3．販売費及び一般管理費予算

(1)　変動販売費が@100円/個発生する。

(2)　固定販売費及び一般管理費年間予算額：120,000円

4．その他のデータ

(1)　当月の計画生産量は150個である。

(2)　予想操業度差異は、当月の売上原価に賦課するものとする。

(3)　月間予算は年間予算の1/12とする。

問1　直接原価計算における当月の損益分岐点売上高を求めなさい。　重要度A

問2　全部原価計算における当月の損益分岐点売上高を求めなさい。　重要度B

■ 解答解説

問1

製品単位当たり固定製造間接費：600,000円÷3,000個＝@200円/個

製品単位当たり変動製造間接費：@300円/個－@200円/個＝@100円/個

製品単位当たり限界利益

@400円/個（売上総利益）＋@200円/個（固定製造間接費）－@100円/個（変動販売費）＝@500円/個

限界利益率：@500円/個÷@1,000円＝50％

損益分岐点売上高：(600,000円＋120,000円）÷12ヶ月÷50％＝120,000円

問2

当月の予想操業度差異：(150個－250個）×@200円/個＝－20,000円（不利）

※　3,000個÷12ヶ月

全部原価計算における損益分岐点販売量：$\dfrac{120,000円÷12ヶ月＋20,000円}{@400円（売上総利益）－@100円（変動販売費）}$＝100個

全部原価計算における損益分岐点売上高：@1,000円/個×100個＝100,000円

3 感度分析

(1) 意義

感度分析とは、**製品の販売価格、販売量、変動費、及び固定費等が当初の予測データと比べて変化した場合、営業利益に対してどのような影響を与えるのか**を分析することである。

大綱的利益計画の策定において、予想（期待）利益が利益目標を達成しない場合、様々な利益改善策を探求しなければならない。そのため、これらの利益改善策を採用することによる利益への影響を明らかにする必要があるが、この際に感度分析が行われる。

(2) 利益改善策

利益改善策には、以下のようなものが挙げられる。

① 製品単位当たり販売価格の引き上げ

製品単位当たりの販売価格を引き上げることは、売上に対してプラスのインパクトを与えるが、販売数量自体の低下に直結するため、慎重に行う必要がある。

② 製品単位当たり変動費の引き下げ

直接材料の単位消費量を削減したり、より安価な材料の仕入先を探求することで、単位当たり変動費を引き下げる。ただし、安易な変動費の引き下げによって、製品の品質が低下しないように注意しなければならない。

③ 固定費の引き下げ

余剰人員の削減や固定費の変動費化によって、固定費を引き下げる。ただし、生産能力の縮小によって、利益獲得の機会を逃さないように気をつけなければならない。

■ 例題13　感度分析①　重要度B

当社は現在、来年度の利益計画を策定中である。来年度は同業他社との競争激化は必至であり、販売価格を10%引き下げる必要があるが、その結果として販売数量は10%増加する見込みである。他方、減価償却費の増加によって固定費が10%増加する見込みである。以下の資料に基づき、各問に答えなさい。ただし、計算上生じた端数については、合理的に処理し、整数で答えること。

売上高	2,000千円	（単価：@200円/個、数量：10,000個）
変動費	1,500千円	
限界利益	500千円	
固定費	300千円	
営業利益	200千円	

問1　当期以上の営業利益額（200千円）を達成するには、当期と比較して最低何円の単位当たり変動費の切り下げが必要であるか、答えなさい。

問2　当期以上の売上高営業利益率（10%）を達成するには、当期と比較して最低何円の単位当たり変動費の切り下げが必要か、答えなさい。

問3　当期と同様の水準の損益分岐点比率（60%）を達成するには、当期と比較して最低何円の単位当たり変動費の切り下げが必要か、答えなさい。

■ 解答解説

問1

当期の単位当たり変動費：1,500,000円÷10,000個＝@150円/個

来期の計画売上高：（@200円/個×90%）×（10,000個×110%）＝1,980,000円

来期の固定費額：300,000円×110%＝330,000円

来期に営業利益額200,000円を達成する時の変動費

1,980,000円－330,000円－200,000円＝1,450,000円

必要単位当たり変動費：1,450,000円÷11,000個≒@131.818・・・円/個

単位当たり変動費の切り下げ額：@150円/個－@131.818円/個＝@18.182円/個　→　@19円/個

問2

売上高利益率10%を達成する時の営業利益：1,980,000円×10%＝198,000円

来期に営業利益額198,000円を達成する時の変動費

1,980,000円－330,000円－198,000円＝1,452,000円

必要単位当たり変動費：1,452,000円÷11,000個＝@132円/個

単位当たり変動費の切り下げ額：@150円/個－@132円/個＝@18円/個

問3

損益分岐点売上高：1,980,000円×60%＝1,188,000円

損益分岐点販売量：11,000個×60%＝6,600個

来期に損益分岐点比率60%を達成する時の変動費

1,188,000円－330,000円＝858,000円

必要単位当たり変動費：858,000円÷6,600個＝@130円/個

単位当たり変動費の切り下げ額：@150円/個－@130円/個＝@20円/個

■ 例題14　感度分析②

重要度Ｂ

当社は現在、来年度の利益計画を策定中である。来年度は同業他社との競争激化は必至であり、販売価格を10％引き下げる必要があるが、その結果として販売数量は10％増加する見込みである。他方、材料仕入先の変更により単位当たり変動費@10円／個削減される見込みである。以下の資料に基づき、各問に答えなさい。ただし、計算上生じた端数については、合理的に処理し、整数で答えること。

売上高	2,000千円	（単価：@200円／個、数量：10,000個）
変動費	1,500千円	
限界利益	500千円	
固定費	300千円	
営業利益	200千円	

問１　当期以上の営業利益額（200千円）を達成するには、当期と比較して最低何円の固定費の切り下げが必要であるか、答えなさい。

問２　当期以上の売上高営業利益率（10％）を達成するには、当期と比較して最低何円の固定費の切り下げが必要か、答えなさい。

問３　当期と同様の水準の損益分岐点比率（60％）を達成するには、当期と比較して最低何円の固定費の切り下げが必要か、答えなさい。

■ 解答解説

問１

当期の単位当たり変動費：1,500,000円÷10,000個＝@150円／個

来期の計画売上高：（@200円／個×90％）×（10,000個×110％）＝1,980,000円

来期の変動費総額：（@150円／個－@10円／個）×11,000個＝1,540,000円

来期に営業利益額200,000円を達成する時の固定費

1,980,000円－1,540,000円－200,000円＝240,000円

固定費の切り下げ額：300,000円－240,000円＝60,000円

問２

売上高利益率10％を達成する時の営業利益：1,980,000円×10％＝198,000円

来期に営業利益額198,000円を達成する時の固定費

1,980,000円－1,540,000円－198,000円＝242,000円

固定費の切り下げ額：300,000円－242,000円＝58,000円

問３

損益分岐点売上高：1,980,000円×60％＝1,188,000円

損益分岐点販売量：11,000個×60％＝6,600個

来期に損益分岐点比率60％を達成する時の変動費

@140円／個×6,600個＝924,000円

来期に損益分岐点比率60％を達成する時の固定費

1,188,000円－924,000円＝264,000円

固定費の切り下げ額：300,000円－264,000円＝36,000円

第16章

予算管理

第１節　予算管理総論

1　予算管理の意義

予算管理とは、予算を用いて全社的な企業の活動を管理する一連の手続であり、予算による計画（**予算編成**）と予算を使用した統制（**予算統制**）に大別できる。

なお、予算とは、企業全体の基本的な経営戦略や経営方針に基づき設定した利益計画をもとに、将来の一定期間（予算期間）における業務執行計画を会計数値で表現した**正式の経営計画**である。

2　予算管理の機能

予算管理には、計画機能、調整機能、統制機能という３つの基本的機能がある。

計画機能 （予算編成段階）	経営活動の目標や利益計画を予算として各責任センターに細分し、各管理者が達成しなければならない目標を公式化する機能をいう。
調整機能 （予算編成および予算統制段階）	予算編成および予算統制の過程において目標整合性を確保する機能をいい、職能別部門間の水平的調整、組織の階層的な繋がりにおける垂直的調整、および貨幣単位による資金バランスの調整を意味する。
統制機能 （予算統制段階）	予算目標の達成を確保する機能をいい、予算執行前の事前統制、予算の執行過程における期中統制、予算執行後の事後統制からなる。

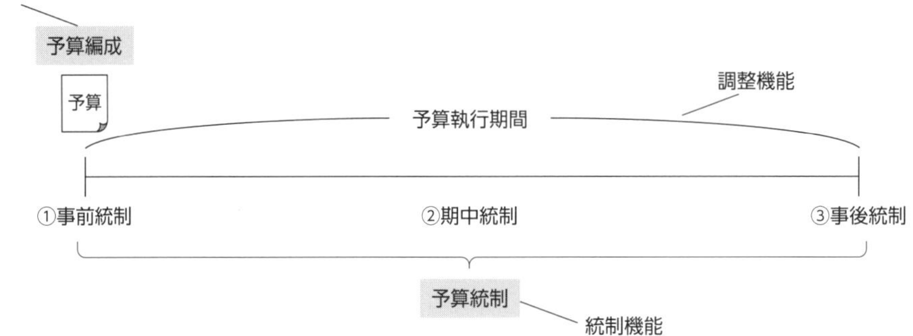

【①事前統制（予算執行前）】

予算が部門管理者の目標となり、目標達成に向けたインセンティブを与える（動機づけ）。また、この段階で潜在的な不都合を予測して、予算を修正することも含まれる。

【②期中統制（予算執行中）】

目標の達成度合いをチェックし、逸脱が見られた場合、活動の修正を促す。また、計画設定時の条件に変更が生じた場合、予算（計画）の修正・見直しを行う。

【③事後統制（予算執行後）】

実際の結果（実績）を測定し、これを予算と比較し、活動の責任者や各部門の業績評価を行う。

なお、近年の不確実性の高い経営環境では、予算の修正も含む事前統制と期中統制が重視されている。

3 予算管理の手順

予算管理の具体的な手順は、以下のように行われる。

事前	①　大綱的利益計画決定後に、トップ・マネジメントが予算編成方針を示す。 ②　各部門は、予算編成方針に基づいて、部門予算案を作成し、予算委員会に提出する。 ③　予算委員会で各部門予算の調整が行われ、全社的な総合予算としてまとめあげる。 ④　総合予算が、企業のトップ・マネジメントに承認され、実行予算として各部門に配分される。
期中	⑤　予算を執行する。
事後	⑥　予算期間における実際の結果（実績）を測定し、予算との比較検討を行う。 ⑦　予算と実績との差異を分析し、分析結果をトップ・マネジメントに報告する。

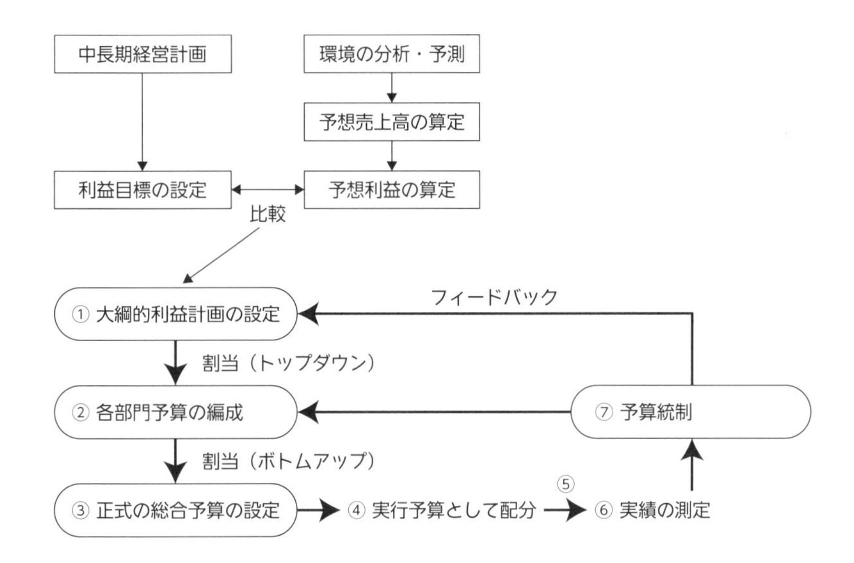

第2節　予算編成

1　総合予算の体系

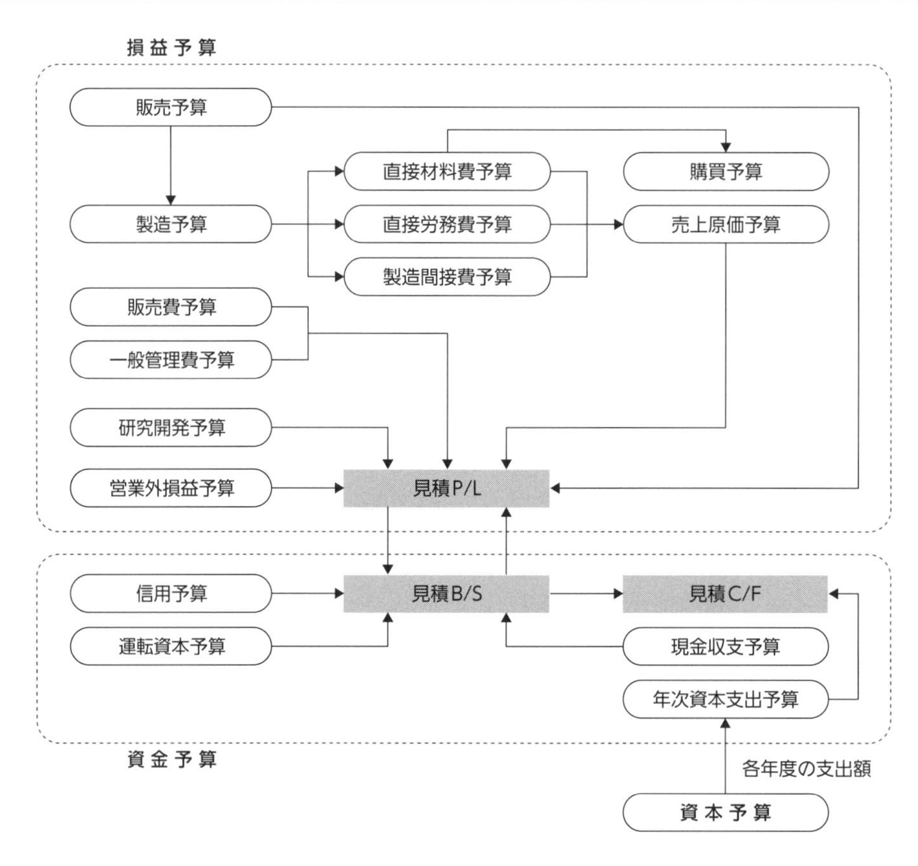

総合予算は、損益予算（業務予算）と資金予算（財務予算）からなる。

損益予算（業務予算）	次年度の収益・費用、棚卸資産の変動などを示す予算
資金予算（財務予算）	資金の過不足を事前に予測して計画的な資金繰りを行うために、業務活動や他の計画がもたらすキャッシュ・フローおよび財政状態を示す予算

※　損益予算は予算P／Lとして、資金予算は予算B／Sと予算C／Fとして、総合予算に集約される。

補足　資本予算の編成

資本予算とは、その経済的効果が1年を超えて発現する投資プロジェクトに設定される予算である。資本予算の編成は、設備投資計画に関する意思決定（長期意思決定）を行う過程である。資本予算は長期予算としての性質を持つが、各年度の現金支出額は各年度（短期）の資金予算に組込まれる。

2 予算編成の流れ

大綱的利益計画が設定されたら、予算編成方針（各部門の売上高や原価の数値的目標を示すもの）に従って各部門管理者が部門予算案を編成する。そして、部門予算案を全社的な立場から相互に調整を行って総合予算（予算P／L、B／S、C／F）を編成する。

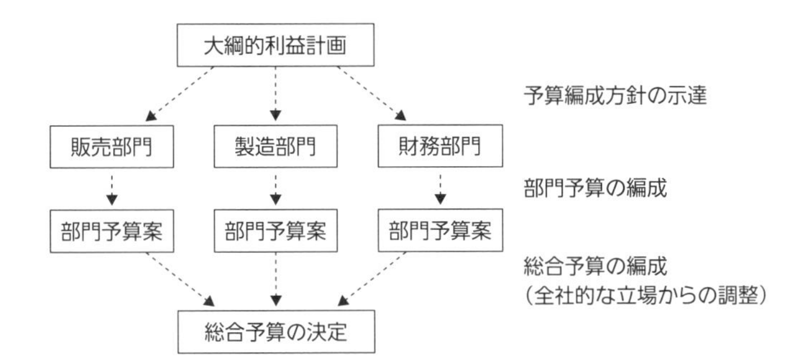

(1) 部門予算案の編成

部門予算案は、各職能部門（販売・製造・購買・財務）において予算期間の諸活動に関する業務計画を作成し、その財務的側面を会計数値化して表現することで作成される。

① 損益予算（業務予算）の編成

部門予算案の編成は、**製造予算や購買予算の編成に先立って、販売予算の編成が行われる。**なぜなら、販売量が決定することで、営業費用や材料購入量等の予算を作成することができるからである。

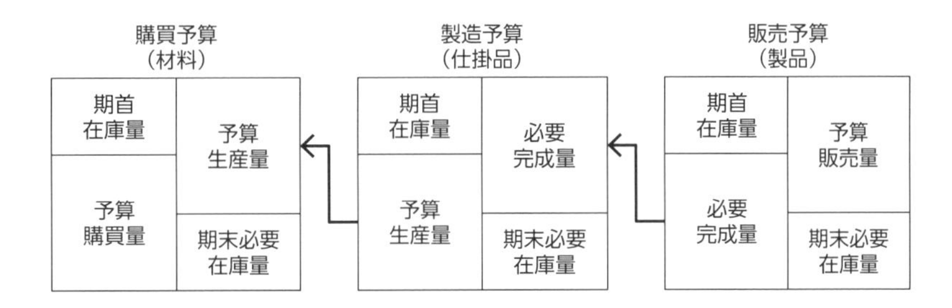

② 資金予算（財務予算）の編成

損益予算の作成を受けて、資金予算を編成する。資金予算の中心は現金収支予算であり、借入等による支払能力の維持と支払利息等との関係を考慮して編成される。

また、資本予算の内、各年度の執行分は年次資本支出予算に組み入れられる。

(2) 総合予算の編成

部門予算案を単純に集計しただけでは、それらが相互に矛盾無く、かつ会社全体の目標利益を達成するかは分からない。そのため、予算委員会等によって、部門予算案に全社的な立場からの調整が行われ、総合予算として、予算P／L、B／S、C／Fに集約される。

■例題１　予算編成

重要度B

当社は第１期末現在、翌年度（第２期）の予算編成を行っているところである。以下の予算編成に関する資料に基づいて、各問に答えなさい。

１．第１期末貸借対照表項目（一部）について

現金　100,000円	売掛金　54,000円	買掛金　16,000円
材料　　8,400円	製品　　24,000円	

※　当期末における製品数量は40個、材料数量は42kgである。

２．翌年度（第２期）の四半期別の予算販売量

第１四半期	第２四半期	第３四半期	第４四半期
200個	250個	400個	500個

３．棚卸資産、買掛金、および売掛金について

(1)　製品は翌四半期の見積販売量の20％を期末在庫として保有することとする。

(2)　材料は翌四半期の見積消費量の20％を期末在庫として保有することとする。

(3)　売掛金は発生した期に70％が回収され、残りは翌四半期に回収される。

(4)　買掛金は発生した期に50％が支払われ、残りは翌四半期に支払われる。

４．その他のデータ

(1)　製品の販売単価は@1,000円／個である。

(2)　製品単位当たり製造原価情報

直接材料費：@200円×１kg＝200円

変動加工費：@200円×１ h ＝200円

固定加工費：@200円×１ h ＝200円

(3)　変動加工費はすべて現金で支払われる。

(4)　固定加工費は年間で282,000円発生し、各四半期で均分して支払われる。なお、減価償却費等の非現金支出費用は無いものとする。

(5)　販売および仕入はすべて掛けにより行っている。

(6)　便宜上、販売費及び一般管理費は無いものとする。また、借入金についての変動は無いものとする。

(7)　各四半期で生じる予想操業度差異は繰り延べ処理し、営業利益に計上しない。

問１　第２期の第１四半期財務諸表における、①営業利益、②売掛金、③製品、④材料、⑤買掛金、⑥現金の金額を答えなさい。

問２　問１と同様の項目について、仮に直接原価計算方式によった場合の金額を答えなさい。なお、固定加工費は各四半期で均分して予算化される。

■ 解答解説（単位：円）

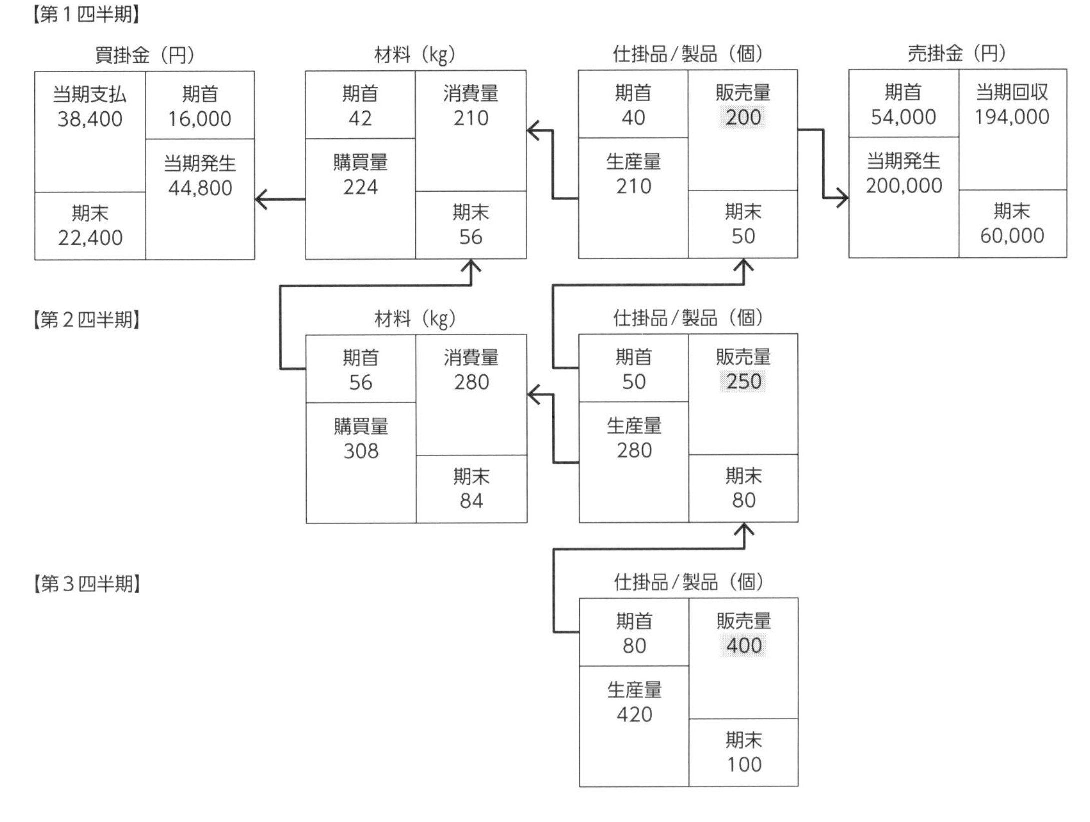

問1

① 営業利益：80,000 ［(販売価格 @1,000 － 全部標準原価 @600) × 販売量 200個］

② 売掛金：60,000 ［売上高 200,000 × 未回収率 30%］

③ 製品：30,000 ［期末製品数量 50個 × 全部標準原価 @600］

④ 材料：11,200 ［期末材料 56kg × 材料価格 @200］

⑤ 買掛金：22,400 ［購入高 44,800 × 未支払率 50%］

⑥ 現金：143,100 ［第1期末残高 100,000 ＋ 売掛金の回収 194,000 － 買掛金の支払 38,400 － 生産量 210個 × 変動加工費 @200 － 固定加工費 282,000 ÷ 4］

問2

◆ 問1と異なる項目は、営業利益と製品残高のみであり、その他の項目は問1と同様である。

① 営業利益：49,500 ［(販売価格 @1,000 － 変動標準原価 @400) × 販売量 200個 － 固定加工費 282,000 ÷ 4］

③ 製品：20,000 ［期末製品数量 50個 × 変動標準原価 @400］

第3節　予算実績差異分析

1　予算実績差異分析

予算実績差異分析とは、予算統制の一環として、**予算利益と実際利益との差額を分析する方法**であり、項目別分析と要因別分析の２つの方法がある。なお、以下では直接原価計算を前提に説明していく。

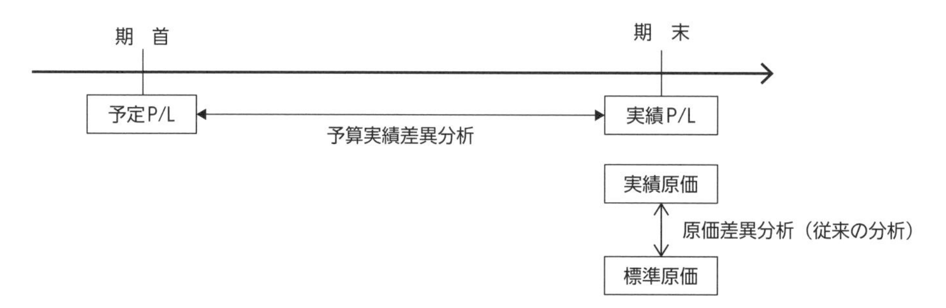

(1)　項目別分析

項目別分析とは、損益計算書を構成するそれぞれの項目別に予算と実績を比較して差異を算定する方法である。なお、売上高及び変動費は各項目について、価格面の差異と数量面の差異に分析する。

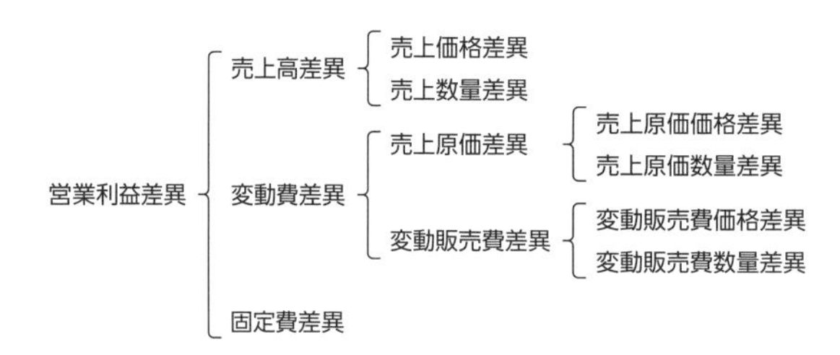

①　売上高差異（売上価格差異と売上数量差異）

売上高差異とは、実際売上高と予算売上高の差であり、売上価格差異と売上数量差異に分析できる。

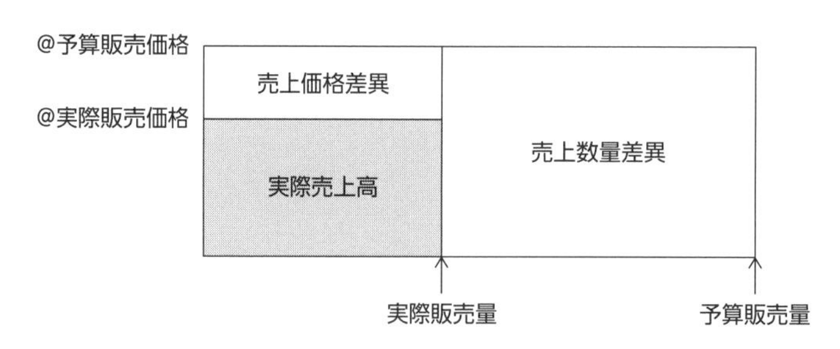

売上価格差異は、実際販売価格と予算販売価格の差に、実際販売量を乗じることで算定できる。

売上価格差異 ＝（実際販売価格 － 予算販売価格）× 実際販売量

売上数量差異は、実際販売量と予算販売量の差に、予算販売価格を乗じることで算定できる。

売上数量差異 ＝（実際販売量 － 予算販売量）× 予算販売価格

② 変動売上原価差異（売上原価価格差異と売上原価数量差異）

変動売上原価差異とは、予算変動売上原価と実際変動売上原価の差であり、売上原価価格差異と売上原価数量差異に分析できる。

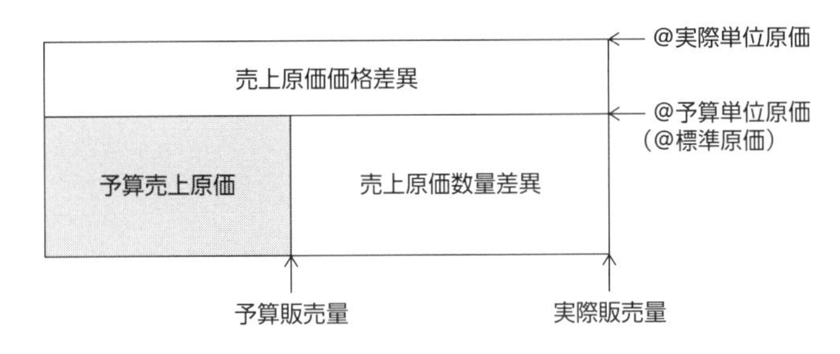

※　売上原価価格差異は、変動製造原価の標準原価差異である。

売上原価価格差異は、予算単位原価と実際単位原価の差に、実際販売量を乗じることで算定できる。

なお、標準原価計算を採用している場合、予算単位原価と実際単位原価に相違をもたらすのは、売上原価として処理された原価差異のみである。すなわち、原価差異が正常かつ比較的少額であることを前提に、**売上原価価格差異は変動製造原価の標準原価差異総額の金額**となる。

売上原価価格差異 ＝ （予算単位原価 － 実際単位原価） × 実際販売量
＝ 変動製造原価の標準原価差異総額

※　実際単位原価 ＝ $\frac{\text{製品単位当たり標準原価} \times \text{実際販売量} + \text{標準原価差異}}{\text{実際販売量}}$

売上原価数量差異は、予算販売量と実際販売量の差に、予算単位原価を乗じることで算定できる。

売上原価数量差異 ＝ （予算販売量 － 実際販売量） × 予算単位原価

③ 変動販売費差異（変動販売費価格差異と変動販売費数量差異）

変動販売費差異とは、予算変動販売費と実際変動販売費の差であり、変動販売費価格差異と変動販売費数量差異に分析できる。

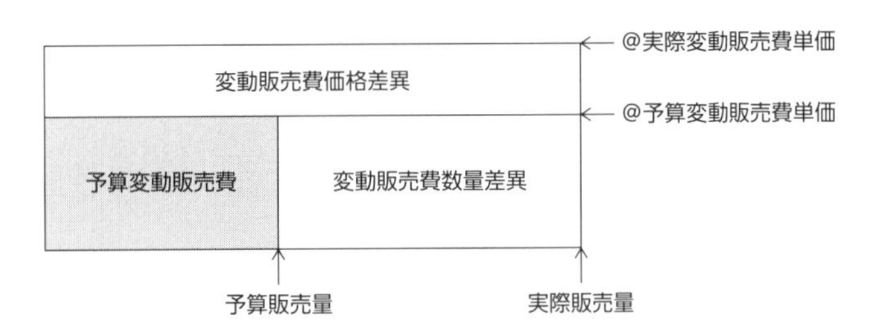

変動販売費価格差異は、予算変動販売費単価と実際変動販売費単価の差に、実際販売量を乗じることで算定できる。

変動販売費価格差異 ＝ （予算変動販売費単価 － 実際変動販売費単価） × 実際販売量

変動販売費数量差異は、予算販売量と実際販売量の差に、予算変動販売費単価を乗じることで算定できる。

変動販売費数量差異 ＝（予算販売量 － 実際販売量）× 予算変動販売費単価

④　固定費差異（固定製造原価差異、固定販売費差異、固定一般管理費差異）

固定費差異は、予算固定費と実際固定費の差であり、各項目別に分析できる。

固定費差異 ＝ 予算固定費 － 実際固定費

(2) 要因別分析

要因別分析とは、利益に対して各要因（特に販売量）がいかに貢献したかを直接的に把握するための方法である。

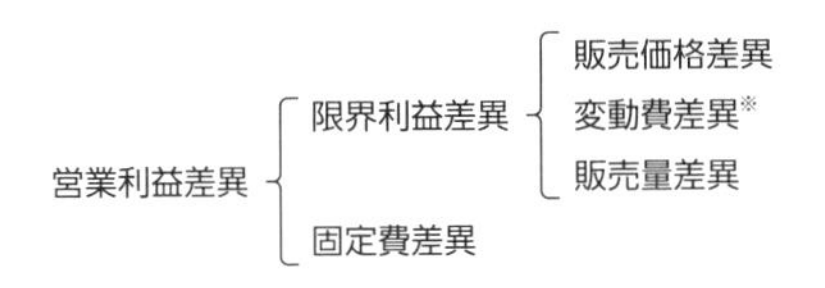

※　変動費差異を売上原価差異と販売費差異に分けることもある。

① 限界利益差異（販売価格差異、変動費差異、販売量差異）

限界利益差異とは、実際限界利益と予算限界利益の差であり、販売価格差異、変動費差異、販売量差異に分析できる。

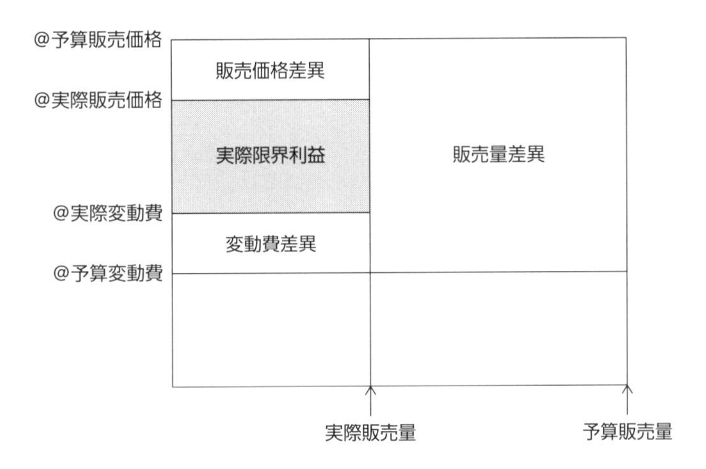

販売価格差異は、項目別分析における売上価格差異と同様である。

> 販売価格差異 ＝ （実際販売価格 － 予算販売価格）× 実際販売量

変動費差異は、売上原価差異と変動販売費差異に分けることができる。なお、変動費差異のうち、売上原価差異は項目別分析における売上原価価格差異と同様であり、変動販売費差異は項目別分析における変動販売費価格差異と同様である。

変動費差異
- 売上原価差異（項目別分析における売上原価価格差異）
- 変動販売費差異（項目別分析における変動販売費価格差異）

② 固定費差異（固定製造原価差異、固定販売費差異、固定一般管理費差異）

項目別分析と同様である。

具体例

予算及び実績データ

	予算	実績
販売量	100個	110個
販売価格	@1,000円	@1,050円
変動費		
売上原価	@500円	@520円
販売費	@100円	@110円
固定費	20,000円	21,000円

〈項目別分析〉

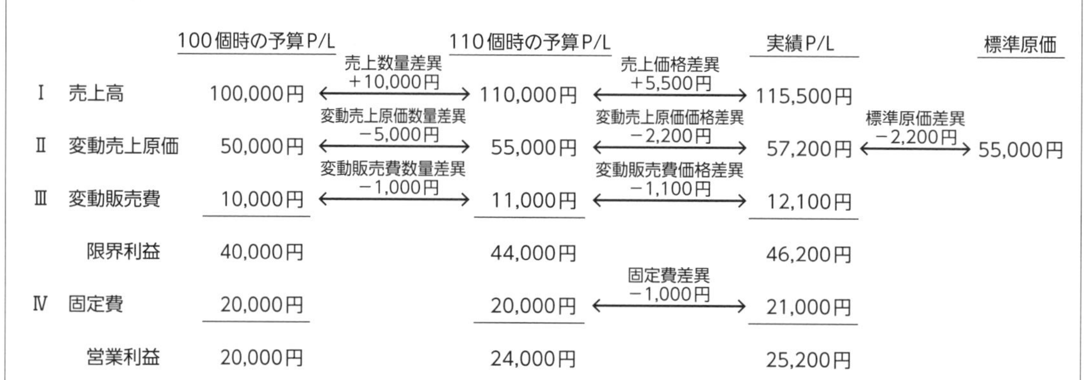

〈要因別分析〉

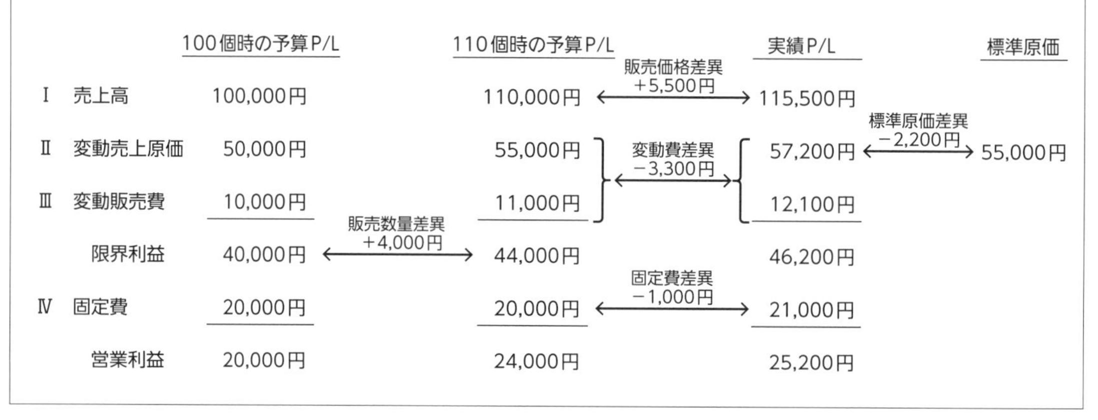

■ 例題２　予算実績差異分析①　重要度Ａ

当社では、製品Ｘを大量生産しており、直接原価計算による標準原価計算を行っている。当期末現在、予算実績差異分析を行っているところである。以下の資料に基づいて、各問に答えなさい。

１．当年度予算データ

(1)　製品Ｘ１単位当たりの標準変動製造原価

	単　価		消費量		原価標準
直接材料費	@500円/kg	×	4 kg	=	2,000円
直接労務費	@800円/ h	×	2 h	=	1,600円
製造間接費	@700円/ h	×	2 h	=	1,400円
標準製造原価					5,000円

※　製造間接費の配賦基準は直接作業時間である。

(2)　当期の固定製造間接費年間予算額は500,000円であり、基準操業度は1,000 hである。

(3)　当期の標準変動販売費は@500円/個であり、固定販売費年間予算額は250,000円である。

(4)　製品Ｘの予算販売価格は@10,000円/個であり、予算販売量は500個である。

２．当年度実績データ

(1)　当年度の実際原価データ

直接材料費	1,050,000円	(2,100kg)
直接労務費	850,000円	(1,050 h)
製造間接費(変動費)	750,000円	
(固定費)	510,000円	

(2)　販売費の実際発生額は、変動販売費が265,200円、固定販売費が248,000円である。

(3)　製品Ｘの実際販売価格は@9,500円/個であり、実際販売量は520個である。

３．その他のデータ

(1)　期首期末の在庫は無視すること。

(2)　前期・当期の原価差異はすべて正常かつ比較的少額である。

(3)　不利差異は－（マイナス）を付して示すこと。

(4)　損益計算書を作成する場合、変動販売費は実際発生額を使用したものを作成すること。

問１　予算損益計算書及び実績損益計算書を作成しなさい。

問２　変動製造原価の標準原価差異を分析しなさい。

問３　当期の営業利益差異を項目別に分析しなさい。

問４　当期の営業利益差異を要因別に分析しなさい。

■ 解答解説

問1

予算損益計算書	
売上高	5,000,000円
変動売上原価	2,500,000円
変動製造マージン	2,500,000円
変動販売費	250,000円
限界利益	2,250,000円
固定費	750,000円
営業利益	1,500,000円

実績損益計算書	
売上高	4,940,000円
標準変動売上原価	2,600,000円
標準変動製造マージン	2,340,000円
標準原価差異	50,000円
実際変動製造マージン	2,290,000円
変動販売費	265,200円
限界利益	2,024,800円
固定費	758,000円
営業利益	1,266,800円

標準原価差異：520個×@5,000円/個－2,650,000円（変動製造原価実際データ合計）＝－50,000円（不利）

問2

(1)　直接材料費差異：520個×@2,000円/個－1,050,000円＝－10,000円（不利）
　　価格差異：2,100kg×@500円/kg－1,050,000円＝0円
　　数量差異：(520個×4kg－2,100kg)×@500円/kg＝－10,000円（不利）

(2)　直接労務費差異：520個×@1,600円/個－850,000円＝－18,000円（不利）
　　賃率差異：1,050h×@800円/h－850,000円＝－10,000円（不利）
　　作業時間差異：(520個×2h－1,050h)×@800円/h＝－8,000円（不利）

(3)　製造間接費差異：520個×@1,400円/個－750,000円＝－22,000円（不利）
　　予算差異：1,050h×@700円/h－750,000円＝－15,000円（不利）
　　能率差異：(520個×2h－1,050h)×@700円/h＝－7,000円（不利）

問3

(1)　売上高差異：4,940,000円－5,000,000円＝－60,000円（不利）
　　売上価格差異：(@9,500円/個－@10,000円/個)×520個＝－260,000円（不利）
　　売上数量差異：(520個－500個)×@10,000円/個＝200,000円（有利）

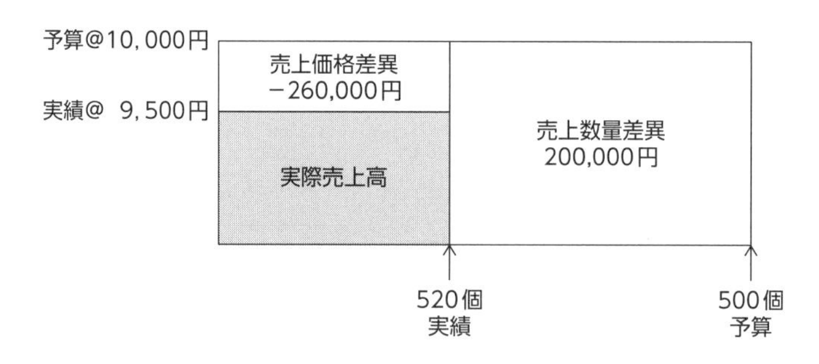

(2)　変動売上原価差異：2,500,000円－(2,600,000円＋50,000円)＝－150,000円（不利）
　　売上原価価格差異：－50,000円（不利）
　　売上原価数量差異：(500個－520個)×@5,000円/個＝－100,000円（不利）

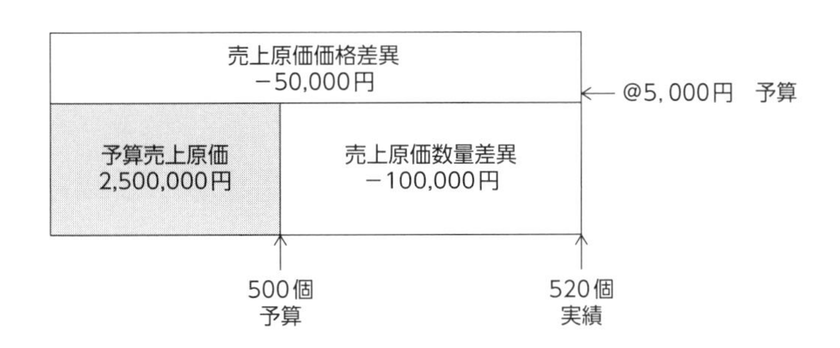

(3)　変動販売費差異：250,000円－265,200円＝－15,200円（不利）

変動販売費価格差異：@500円/個×520個－265,200円＝－5,200円（不利）

変動販売費数量差異：(500個－520個）×@500円/個＝－10,000円（不利）

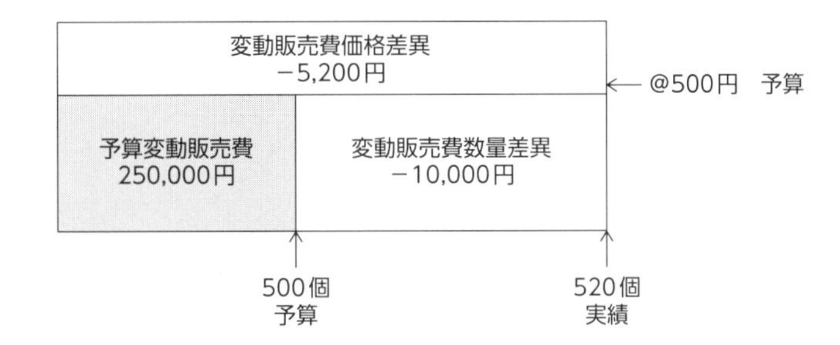

(4)　固定費差異：750,000円－758,000円＝－8,000円（不利）

製造原価差異：500,000円－510,000円＝－10,000円（不利）

販売費差異：250,000円－248,000円＝2,000円（有利）

問４

(1)　限界利益差異：2,024,800円－2,250,000円＝－225,200円（不利）

販売価格差異：(@9,500円/個－@10,000円/個）×520個＝－260,000円（不利）

変動費差異

売上原価差異：－50,000円（不利）

変動販売費差異：－5,200円（不利）

販売量差異：(@10,000円/個－@5,000円/個－@500円/個）×（520個－500個）＝90,000円（有利）

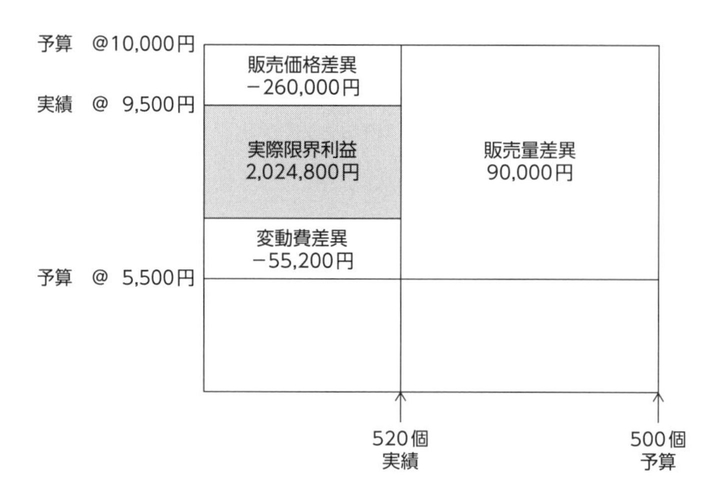
予算　@10,000円
実績　@ 9,500円
予算　@ 5,500円
販売価格差異
−260,000円
実際限界利益
2,024,800円
変動費差異
−55,200円
販売量差異
90,000円
520個
実績
500個
予算

(2) 固定費差異：問3参照

■ 例題3　予算実績差異分析②

重要度A

当社では、製品Xを大量生産しており、直接原価計算による標準原価計算を行っている。当期末現在、予算実績差異分析を行っているところである。以下の資料に基づいて、各問に答えなさい。

1．当年度予算データ

(1)　製品X1単位当たりの標準変動製造原価

	単　価		消費量		原価標準
直接材料費	@500円/kg	×	4kg	=	2,000円
直接労務費	@800円/h	×	2h	=	1,600円
製造間接費	@700円/h	×	2h	=	1,400円
標準製造原価					5,000円

※　製造間接費の配賦基準は直接作業時間である。

(2)　当期の固定製造間接費年間予算額は500,000円であり、基準操業度は1,000hである。

(3)　当期の標準変動販売費は@500円/個であり、固定販売費年間予算額は250,000円である。

(4)　製品Xの予算販売価格は@10,000円/個であり、予算販売量は500個である。

2．当年度実績データ

(1)　当年度の実際原価データ

直接材料費	1,050,000円	(2,100kg)
直接労務費	850,000円	(1,050h)
製造間接費(変動費)	750,000円	
(固定費)	510,000円	

(2)　販売費の実際発生額は、変動販売費が265,200円、固定販売費が248,000円である。

(3)　製品Xの実際販売価格は@9,500円/個であり、実際販売数量は520個である。

3．その他のデータ

(1)　仕掛品在庫が期首に100個、期末に200個ある。加工進捗度は50%とみなして計算すること。

(2)　期首期末に製品在庫は無い。

(3)　前期・当期の原価差異はすべて正常かつ比較的少額である。

(4)　不利差異は－（マイナス）を付して示すこと。

(5)　損益計算書を作成する場合、変動販売費は実際発生額を使用したものを作成すること。

問1　予算損益計算書及び実績損益計算書を作成しなさい。

問2　変動製造原価の標準原価差異を分析しなさい。

問3　当期の営業利益差異を項目別に分析しなさい。

問4　当期の営業利益差異を要因別に分析しなさい。

■ 解答解説

問1

予算損益計算書	
売上高	5,000,000円
変動売上原価	2,500,000円
変動製造マージン	2,500,000円
変動販売費	250,000円
限界利益	2,250,000円
固定費	750,000円
営業利益	1,500,000円

実績損益計算書	
売上高	4,940,000円
標準変動売上原価	2,600,000円
標準変動製造マージン	2,340,000円
標準原価差異	300,000円
実際変動製造マージン	2,640,000円
変動販売費	265,200円
限界利益	2,374,800円
固定費	758,000円
営業利益	1,616,800円

(1) ボックス図

仕掛品（単位：個）

期首仕掛品 100(50)	実際販売量 520
当期投入 620 (570)	期末仕掛品 200(100)

(2) 標準原価差異：620個×@2,000円/個＋570個×（@1,600円/個＋@1,400円/個）
－2,650,000円（変動製造原価実際データ合計）＝300,000円（有利）

問2

(1) 直接材料費差異：620個×@2,000円/個－1,050,000円＝190,000円（有利）
価格差異：2,100kg×@500円/kg－1,050,000円＝０円
数量差異：(620個×４kg－2,100kg) ×@500円/kg＝190,000円（有利）

(2) 直接労務費差異：570個×@1,600円/個－850,000円＝62,000円（有利）
賃率差異：1,050ｈ×@800円/ｈ－850,000円＝－10,000円（不利）
作業時間差異：(570個×２ｈ－1,050ｈ) ×@800円/ｈ＝72,000円（有利）

(3) 製造間接費差異：570個×@1,400円/個－750,000円＝48,000円（有利）
予算差異：1,050ｈ×@700円/ｈ－750,000円＝－15,000円（不利）
能率差異：(570個×２ｈ－1,050ｈ) ×@700円/ｈ＝63,000円（有利）

問3

(1) 売上高差異：4,940,000円－5,000,000円＝－60,000円（不利）
売上価格差異：(@9,500円/個－@10,000円/個) ×520個＝－260,000円（不利）
売上数量差異：(520個－500個) ×@10,000円/個＝200,000円（有利）

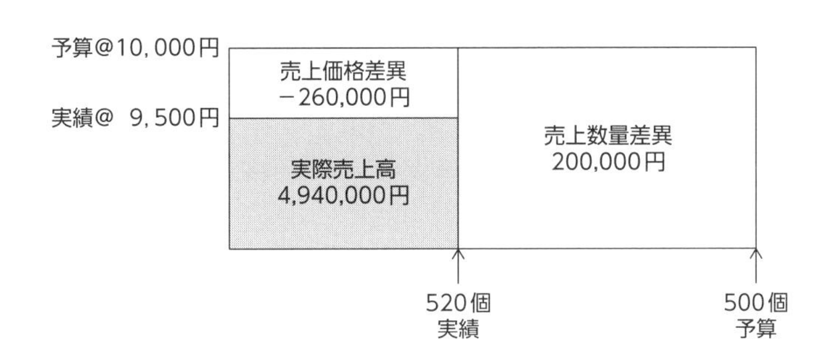

(2)　変動売上原価差異：2,500,000円－（2,600,000円－300,000円）＝200,000円（有利）

売上原価価格差異：300,000円（有利）

売上原価数量差異：(500個－520個）×@5,000円／個＝－100,000円（不利）

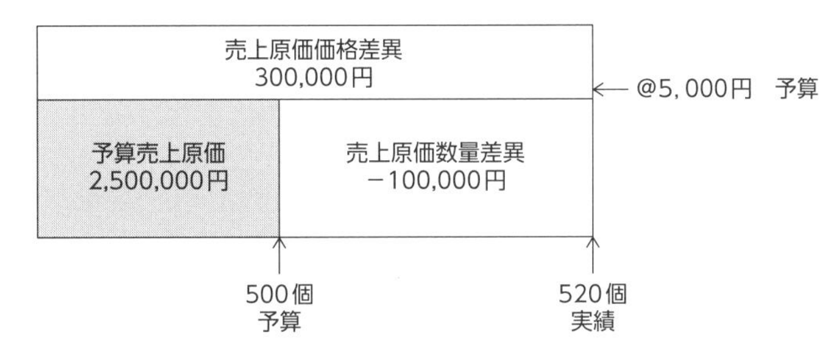

(3)　変動販売費差異：250,000円－265,200円＝－15,200円（不利）

変動販売費価格差異：@500円／個×520個－265,200円＝－5,200円（不利）

変動販売費数量差異：(500個－520個）×@500円／個＝－10,000円（不利）

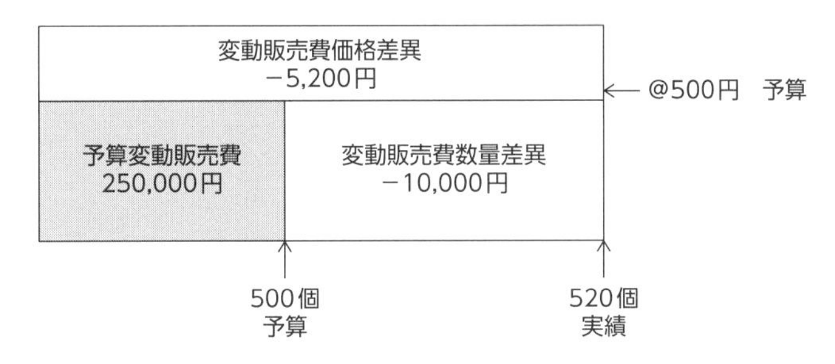

(4)　固定費差異：750,000円－758,000円＝－8,000円（不利）

製造原価差異：500,000円－510,000円＝－10,000円（不利）

販売費差異：250,000円－248,000円＝2,000円（有利）

問４

(1)　限界利益差異：2,374,800円－2,250,000円＝124,800円（有利）

販売価格差異：(@9,500円／個－@10,000円／個）×520個＝－260,000円（不利）

変動費差異

売上原価差異：300,000円（有利）

変動販売費差異：－5,200円（不利）

販売量差異：(@10,000円／個－@5,000円／個－@500円／個）×（520個－500個）＝90,000円（有利）

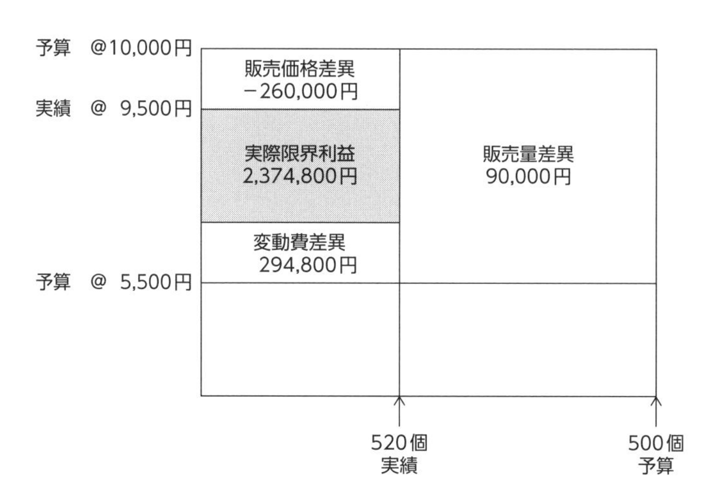
予算　@10,000円
実績　@ 9,500円
予算　@ 5,500円
販売価格差異
−260,000円
実際限界利益
2,374,800円
変動費差異
294,800円
販売量差異
90,000円
520個
実績
500個
予算

(2)　固定費差異：問3 参照

2 売上数量差異（販売量差異）の分析

(1) 市場占拠率差異と市場総需要量差異

競争市場で製品を販売している場合、項目別分析における売上数量差異と要因別分析における販売量差異を、市場占拠率差異と市場総需要量差異に分析することがある。

市場占拠率差異	会社の市場シェアの変化による影響	一般に管理可能 （販売部門の営業努力）
市場総需要量差異	市場全体の需要量の変化による影響	一般に管理不能

<項目別分析の売上数量差異の分析>

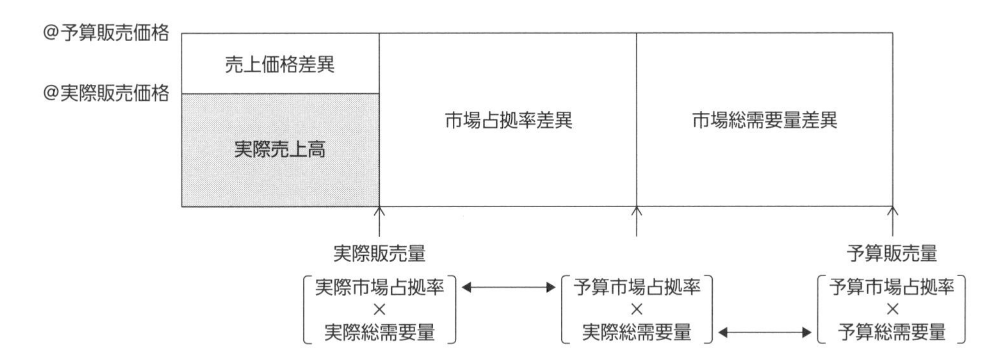

<要因別分析の販売量差異の分析>

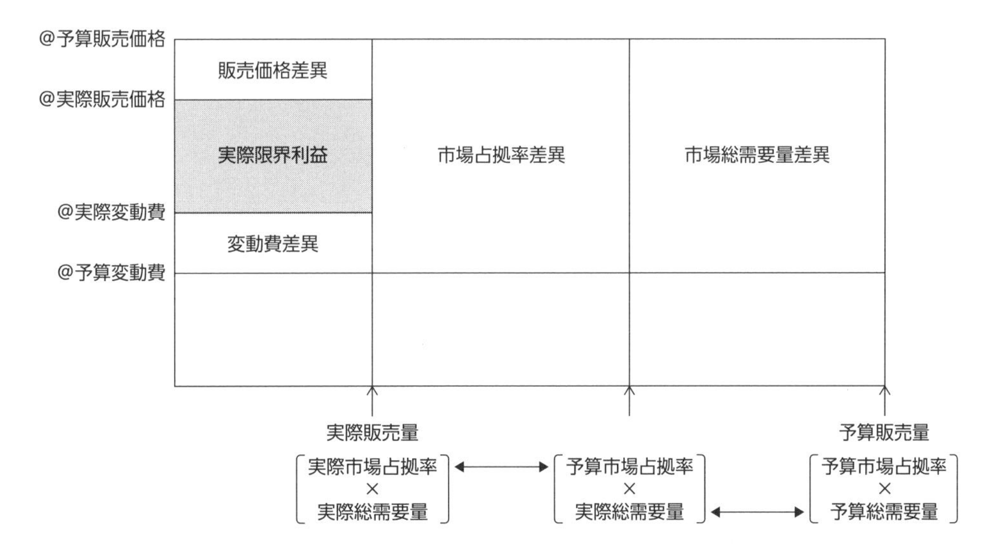

■ 例題4　市場占拠率差異と市場総需要量差異

重要度A

以下の資料に基づき、各設問に答えなさい。

	予算（利益計画）	実　　績
売上高	@500円×400個＝200,000円	@490円×420個＝205,800円
変動売上原価	@200円×400個＝　80,000円	@205円×420個＝　86,100円
変動販売費	@100円×400個＝　40,000円	@100円×420個＝　42,000円
限界利益	80,000円	77,700円

※　予算の目標市場占拠率は10％であったが、実際占拠率は８％であった。

問1　売上高差異を売上価格差異と売上数量差異に分析しなさい。

問2　問1の売上数量差異を市場占拠率差異と市場総需要量差異に分析しなさい。

問3　限界利益差異を販売価格差異と変動費差異、及び販売量差異に分析しなさい。

問4　問3の販売量差異を市場占拠率差異と市場総需要量差異に分析しなさい。

■ 解答解説

問1

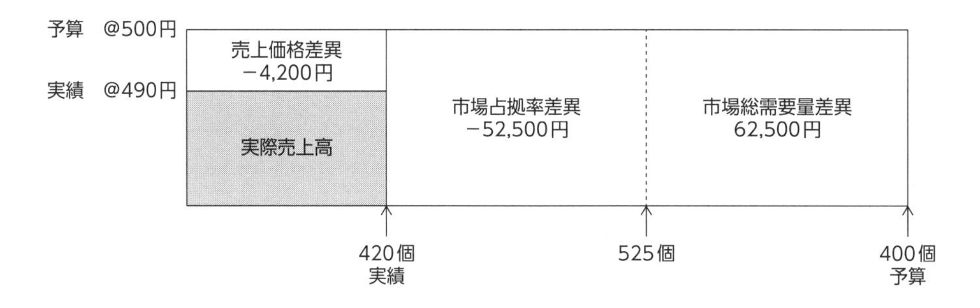

売上価格差異：（@490円／個－@500円／個）×420個＝－4,200円（不利）

売上数量差異：（420個－400個）×@500円／個＝10,000円（有利）

問2

実際総需要量：420個÷８％＝5,250個

実際総需要量における予算占拠率達成時の販売数量：5,250個×10％＝525個

市場占拠率差異：（420個－525個）×@500円／個＝－52,500円（不利）

市場総需要量差異：（525個－400個）×@500円／個＝62,500円（有利）

問３

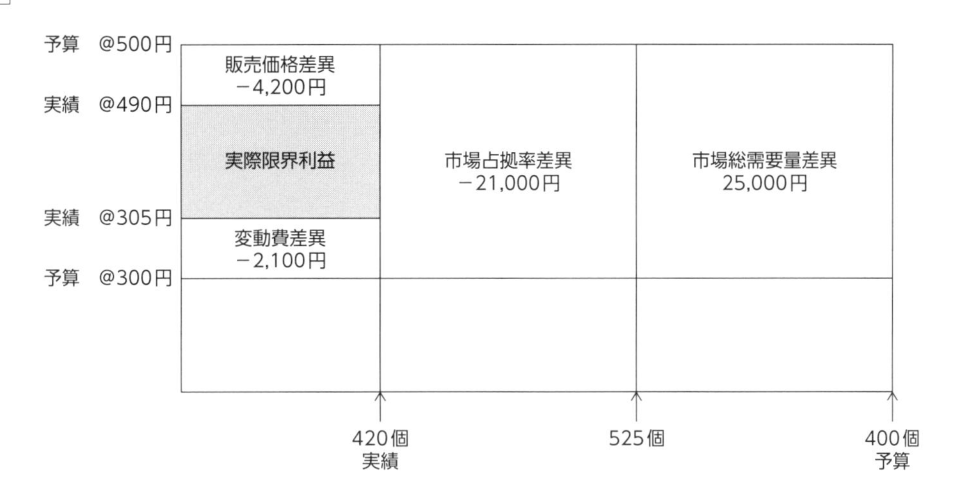

売上価格差異：(@490円／個－@500円／個）×420個＝－4,200円（不利）
変動費差異：(@300円／個－@305円／個）×420個＝－2,100円（不利）
販売量差異：(420個－400個）×（@500円／個－@300円／個）＝4,000円（有利）

問４

市場占拠率差異：(420個－525個）×（@500円／個－@300円／個）＝－21,000円（不利）
市場総需要量差異：(525個－400個）×（@500円／個－@300円／個）＝25,000円（有利）

⑵　売上品構成差異と売上品数量差異

代替可能性のある複数製品を販売している場合、項目別分析における売上数量差異と要因別分析における販売量差異を、売上品構成差異（セールス・ミックス差異）と売上品数量差異に分析することがある。

売上品構成差異	セールス・ミックスの変化による影響
売上品数量差異	総販売量の変化による影響

＜項目別分析の売上数量差異の分析＞

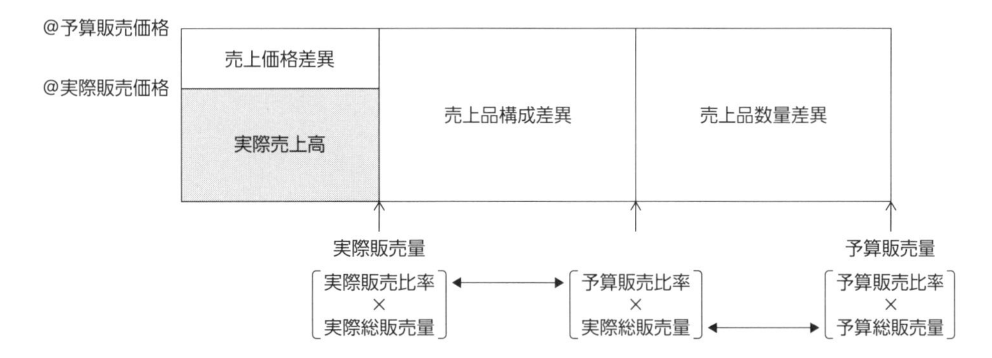

<要因別分析の販売量差異の分析>

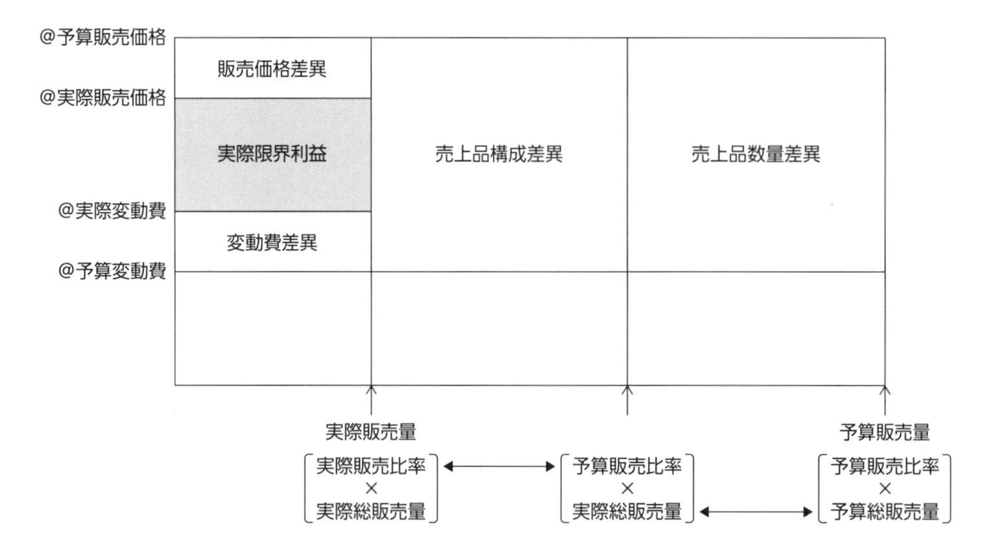

■ 例題5　売上品構成差異と売上品数量差異

重要度A

以下の資料に基づき、各設問に答えなさい。

1．予算データ

	製品X	製品Y
販売量	200個	400個
販売単価	@800円/個	@400円/個
変動費	@500円/個	@250円/個

2．実績データ

	製品X	製品Y
販売量	240個	390個
販売単価	@840円/個	@350円/個
変動費	@520円/個	@240円/個

問1　予算売上高に基づいて、各製品の売上品構成差異と売上品数量差異を答えなさい。

問2　予算貢献利益に基づいて、各製品の売上品構成差異と売上品数量差異を答えなさい。

■ 解答解説

問１

〈製品Ｘ〉

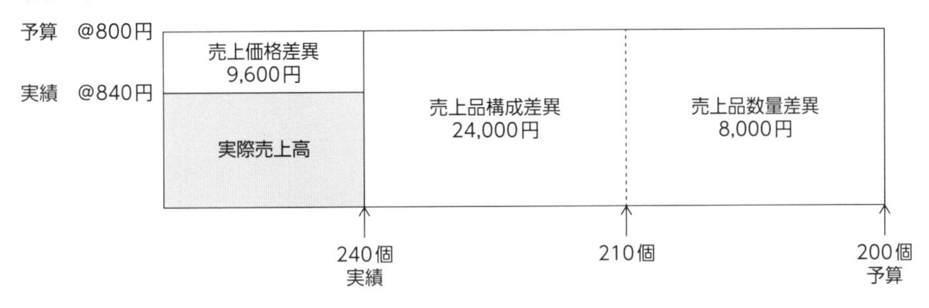

〈製品Ｙ〉

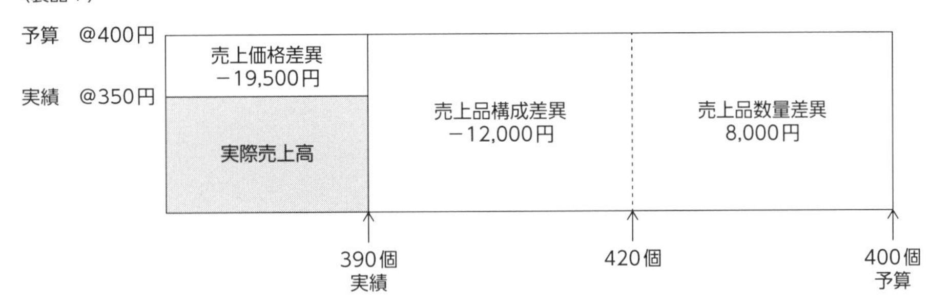

製品Ｘの差異分析

実際総販売量における予算セールス・ミックス時の製品Ｘ販売量

(240個＋390個)÷(200個＋400個)×200個＝210個

売上品構成差異：(240個－210個)×@800円／個＝24,000円(有利)

売上品数量差異：(210個－200個)×@800円／個＝8,000円(有利)

製品Ｙの差異分析

実際総販売量における予算セールス・ミックス時の製品Ｙ販売量

(240個＋390個)÷(200個＋400個)×400個＝420個

売上品構成差異：(390個－420個)×@400円／個＝－12,000円(不利)

売上品数量差異：(420個－400個)×@400円／個＝8,000円(有利)

問2

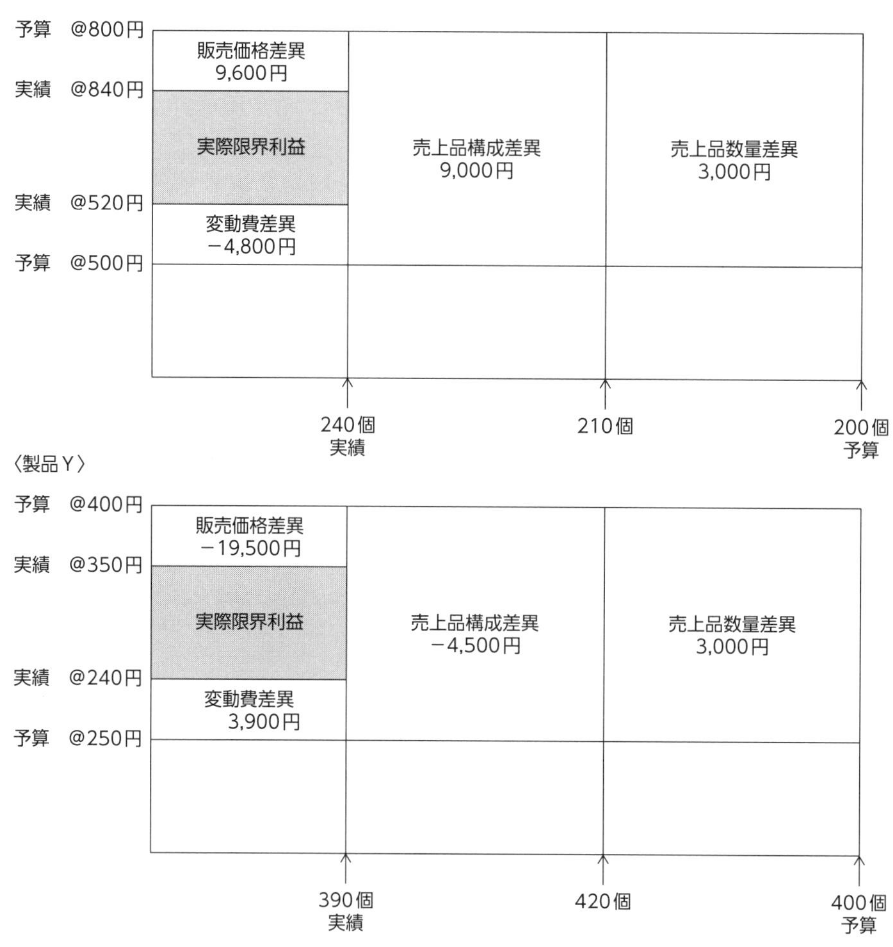

製品Xの差異分析

売上品構成差異：(240個－210個) × (@800円/個－@500円/個) ＝9,000円

売上品数量差異：(210個－200個) × (@800円/個－@500円/個) ＝3,000円

製品Yの差異分析

売上品構成差異：(390個－420個) × (@400円/個－@250円/個) ＝－4,500円

売上品数量差異：(420個－400個) × (@400円/個－@250円/個) ＝3,000円

3 予算実績差異分析のまとめ

要因別分析と項目別分析の違いは、販売量差異を、貢献利益を用いて純額（ネット）で算定するか、項目ごとの総額（グロス）で算定するかにある。

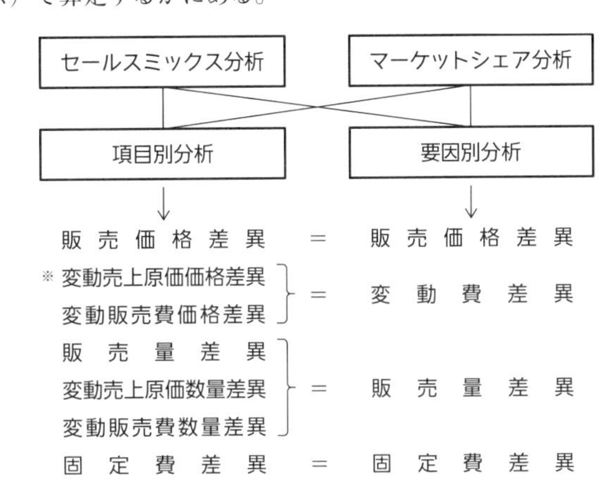

※　変動売上原価価格差異とは、製造原価サイドの差異（生産量ベース）の差異であり、以下の差異の合計額

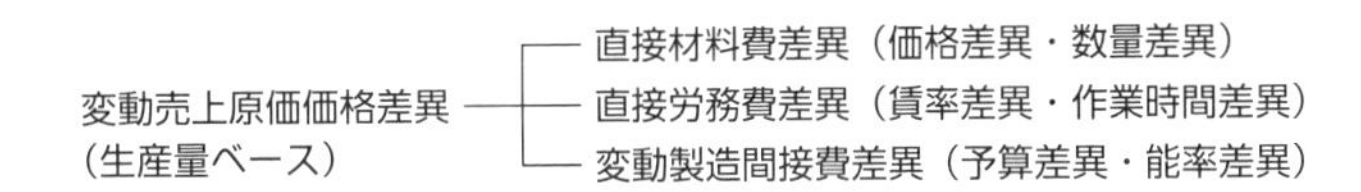

全社的な分析と営業サイドに限定した分析

営業サイドに限定した分析（分離モデル）の場合、製造サイドの業績は含めないことになる。したがって、変動売上原価価格差異や固定加工費差異は分析対象には含めない。

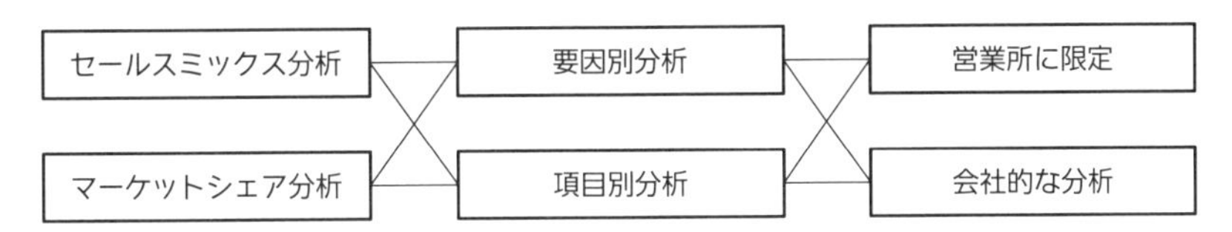

なお、全社的な分析を統合モデルと呼ぶ。

第17章

資金管理

第１節　資金管理総論

1 資金管理の目的

「**勘定あって銭足らず**」や「**黒字倒産**」などと言われることがあるように、損益計算書の利益にはキャッシュの裏づけがあるわけではなく、損益計算書上で利益が出ていたとしても、資金繰りが困難になってしまうことがある。このようなことが無いように、**支払能力を維持するため**に資金管理をする必要がある。

ただし、**支払能力を過度に高めることは、収益性を犠牲にすること**につながるため、両者の**バランス**を考えることも資金管理においては重要である。

2 資金（キャッシュ・フロー）の増減要因

現金（キャッシュ）以外の流動資産及び固定資産を「資産」、流動負債と固定負債を「負債」、自己資本を「資本」と定義付けた場合、これらと現金（キャッシュ）の関係は以下の通りである。

現金 ＝（負債 ＋ 資本）－ 資産

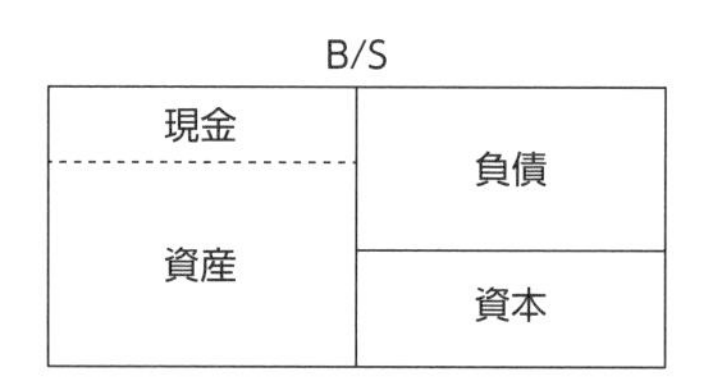

上式から資産、負債、資本の増減がキャッシュ・フローに与える影響をまとめると以下のようになる。

	増加	減少
資産	**ＣＦのマイナス**	**ＣＦのプラス**
負債	ＣＦのプラス	ＣＦのマイナス
資本	ＣＦのプラス	ＣＦのマイナス

補　足 資金の増減要因の具体例

①　機械装置の購入　→　資産の増加　→　キャッシュ・フローの減少
②　売掛金の回収　→　資産の減少　→　キャッシュ・フローの増加
③　社債の発行　→　負債の増加　→　キャッシュ・フローの増加
④　借入金の返済　→　負債の減少　→　キャッシュ・フローの減少
⑤　新株の発行　→　資本の増加　→　キャッシュ・フローの増加
⑥　自己株式の取得　→　資本の減少　→　キャッシュ・フローの減少

第2節　資金繰り表

1 資金繰り表の意義

資金繰り表とは、企業が**短期の資金管理**（手元資金不足による債務不履行の回避）のために、日常業務の遂行状況に基づいて作成した**現金収支予算表**のことであり、比較的短い期間（週、半月、月、四半期等）における収支と残高を表示するものである。

資金繰り表

	4月	5月	6月
前月繰越	×××	×××	×××
営業収入 ⋮	××× ⋮	××× ⋮	××× ⋮
合　計	×××	×××	×××
営業支出 ⋮	××× ⋮	××× ⋮	××× ⋮
合　計	×××	×××	×××
差引過不足	×××	×××	×××
財務収入 ⋮	××× ⋮	××× ⋮	××× ⋮
合　計	×××	×××	×××
当月残高	×××	×××	×××

⇦ ここが、マイナスならば借入を行う等を検討する
ここが、プラスならば借入金の返済等を検討する

■ 例題1　現金資金の管理

重要度B

以下の資料に基づいて、各問に答えなさい。なお、各四半期は90日として計算すること。

1．各四半期の売上予測（単位：万円）

	Q 1	Q 2	Q 3	Q 4	2 Q 1
売上予測	400	500	1,400	800	500

2．売掛金に関するデータ

(1)　売上のうち50%分は発生した期に回収し、残りを翌四半期に回収する。

(2)　売掛金の当期首残高は180万円である。

(3)　売上はすべて掛けによって行っている。

3．買掛金に関するデータ

(1)　仕入のうち60%分は発生した期に支払い、残りを翌四半期に支払う。

(2)　買掛金の当期首残高は104万円である。

(3)　仕入はすべて掛けによって行っている。なお、仕入高は翌四半期の売上予測の65%とする。

4．その他のデータ

(1)　手元現金は少なくとも20万円は保有しておくものとする。

(2)　現金に不足が生じる場合には短期借入を行う。借入金の年利は16%であり、四半期ごとに支払う。

(3)　現金に余裕がある場合には借入金の返済に充てるものとする。

(4)　現金の期首残高は40万円である。

(5)　借入金の期首残高はゼロである。

問1　各四半期における売掛金の回収額及び期末売掛金残高を計算しなさい。

問2　各四半期における買掛金の支払額及び期末買掛金残高を計算しなさい。

問3　各四半期における借入金の返済額及び期末借入金残高を計算しなさい。

■ 解答解説

問1

各四半期の売掛金残高は、売上高×50%で算定できる。

売掛金	Q 1	Q 2	Q 3	Q 4
期首残高	180	200	250	700
発生高（売上高）	400	500	1,400	800
期末残高	200	250	700	400
回収高	380	450	950	1,100

問2

各四半期の買掛金残高は、仕入高×40％で算定できる。

買掛金	Q 1	Q 2	Q 3	Q 4
期首残高	104	130	364	208
発生高（仕入高）	325	910	520	325
期末残高	130	364	208	130
支払高	299	676	676	403

Q 1仕入高：500（Q 2売上高）×65％＝325

問3

手元資金に不足が生じる場合には、借入れを行う必要がある。なお、その際には、必要手元残高を加味して計算すること。

現金	Q 1	Q 2	Q 3	Q 4
期首残高	40	121	20	164
営業収入	380	450	950	1,100
営業支出	299	676	676	403
必要手元残高	20	20	20	20
差引過不足	101	△125	274	841
支払利息	—	—	5	—
返済高	—	—	125	—
借入高	—	125	0	—
差引合計	101	0	144	841
期末残高	121	20	164	861

Q 3支払利息：125×16％×3/12＝5

第18章

意思決定会計Ⅰ（戦術的意思決定）

第１節　意思決定会計総論

1　意思決定会計の意義

意思決定会計とは、「企業が直面している何らかの問題を解決するために、関連する情報を収集し、処理し、伝達する情報活動に奉仕する会計」である。その中心技法は、**差額原価収益分析**である。

2　意思決定会計の分類

意思決定は戦術的意思決定と戦略的意思決定に分類できる。

(1)　戦術的意思決定の意義

戦術的意思決定（業務的意思決定、短期意思決定）とは、**所与とされた一定の経営構造**のもとで、随時的に行う意思決定のことをいう。

(2)　戦略的意思決定の意義

戦略的意思決定（設備投資経済性計算、長期意思決定）とは、**経営構造の変革を伴い**、随時的に行う意思決定のことをいう。

<両者の異同は以下のとおり>

	戦術的意思決定	戦略的意思決定
経営構造	所与	変革を伴う
プロジェクトの貢献期間	短期（通常、１年以内）	長期（複数年度）
時間価値の考慮	考慮しない	原則として考慮する
目的	期間利益の最大化	全体利益の最大化
意思決定権者	中級ないし下級管理者	上級管理者
具体例	価格決定、最適セールス・ミックス 自製か購入か、受注可否 追加加工の可否、経済的発注量分析 セグメントの廃止か継続か	設備投資計画 新製品開発計画 経営立地計画

3 「原価計算基準」における「意思決定会計（特殊原価調査）」の位置づけ

(1) 原価計算制度と意思決定会計（特殊原価調査）

原価計算制度は、財務諸表の作成、原価管理、予算統制等の異なる目的が、重点の相違はあるが相ともに達成されるべき一定の計算秩序であり、**財務会計機構と有機的に結びつき常時継続的に行われる**計算体系である。

特殊原価調査（意思決定会計）は、**財務会計機構のらち外において随時断片的に行われる**原価の統計的、技術的計算ないし調査である。

	原価計算制度	特殊原価調査
主要目的	財務諸表作成 原価管理 予算管理（利益管理）	経営意思決定
財務会計機構との関係	財務会計機構と有機的に結合	財務会計機構のらち外
計算の継続性	常時継続的	随時断片的
特徴	上記目的が相ともに達成 されるべき一定の計算秩序	統計的、技術的計算ないし調査
原価概念	実際原価・標準原価	未来原価・機会原価等

(2) 原価計算の目的と意思決定会計

① 予算編成目的と戦術的意思決定

予算は、業務執行に関する総合的な期間計画であるが、**予算編成の過程は**、たとえば製品組合せの決定、部品を自製するか外注するかの決定等**個々の選択的事項に関する意思決定（戦術的意思決定）を含む**ことはいうまでもない。

② 経営基本計画設定目的と戦略的意思決定

経営の基本計画を設定するに当たり、これに必要な原価情報を提供すること。ここに基本計画とは、経済の動態的変化に適応して、経営の給付目的たる製品、経営立地、生産設備等**経営構造に関する基本的事項について、経営意思を決定し、経営構造を合理的に組成すること（戦略的意思決定）**をいい、随時的に行なわれる決定である。

4 意思決定のプロセス

意思決定は、①問題点の把握、②代替案の探求、③代替案の評価、④代替案の選択というプロセスを経て行われる。なお、差額原価収益分析を中心技法とする**意思決定会計は、③代替案の評価の段階**に有益な情報を提供する。

プロセス	具体例
①問題点の把握	製品製造に必要な部品を調達しなければならない
②代替案の探求	部品を自製する案と購入する案の２つが挙げられた
③代替案の評価	部品を自製する場合のコストは20万円である 部品を購入する場合のコストは30万円である
④代替案の選択	10万円有利なため、自製案を選択する

5 会計実体と会計期間

意思決定のプロセスにおける、①問題点の把握と②代替案の探求の段階は、会計実体と会計期間を把握する段階といえる。なお、意思決定会計では、会計実体は個々のプロジェクトであり、会計期間はプロジェクトごとに異なる。

(1) 会計実体と会計期間の定義

会計実体	独立の存在として扱うことを前提とした一定範囲の経済活動の範囲であり、会計の行われる単位である。
会計期間	一定期間を人為的に区切って、その期間ごとの計算を行う期間である。

(2) その他の会計との比較

	制度会計	管理会計	
		業績管理会計	意思決定会計
会計実体	企業そのもの	事業部、部門等	個々のプロジェクト
会計期間	1年、半年、四半期	1ヶ月、四半期等	プロジェクトごとに異なる

6 特殊原価概念

意思決定会計において扱われる原価は、常時継続的に実施される制度会計において用いられない特殊なものという意味で、特殊原価と称される。

(1) 未来原価

未来原価とは、**将来において発生することが予想される原価**である。特殊原価の本質はこの未来原価である。これに対して、過去原価とは、過去に発生済みの原価であり、制度上の原価の本質であるといわれる。

(2) 関連原価と無関連原価

未来原価は、意思決定により増減するか否かで関連原価か無関連原価として認識される。

関連原価	意思決定に関連して増減する原価である。
無関連原価	意思決定に関連して増減しない原価である。

(3) 差額原価と埋没原価

関連原価は差額原価により、無関連原価は埋没原価により測定される。

差額原価	代替案間における原価の差額である。
埋没原価	代替案間において差異をもたらさない原価額である。

具体例

第１案：Ｂ機械を使用して、製品Ｘを製造する。Ａ材料の甲社からの仕入値は50,000円である。
第２案：Ｂ機械を使用して、製品Ｘを製造する。Ａ材料の乙社からの仕入値は80,000円である。

	第１案	第２案
Ａ材料費	50,000円	80,000円
Ｂ機械減価償却費	50,000円	50,000円

埋没原価：Ａ材料費50,000円＋Ｂ機械減価償却費50,000円＝100,000円
差額原価：80,000円－50,000円＝30,000円（Ａ材料費）

※　どこまでを埋没原価とするかは考え方によって異なり、上記は一例に過ぎない。仕入先の異なるＡ材料費をすべて差額原価とすることもある。

(4)　差額原価の下位概念

差額原価の下位概念には以下のようなものがある。

増分原価	意思決定の結果、増加する原価である。
減分原価	意思決定の結果、減少する原価である。
機会原価	特定の代替案を選択した結果、断念した他の機会（代替案）から得られるであろう最大の利益額である。

具体例

以下は相互に排他的な（ある案を選んだら、その他の案は同時に採用できない）投資案である。

第１案：利益500万円　　第２案：利益600万円　　第３案：利益700万円

	第１案を採用	第２案を採用	第３案を採用
利益	500万円	600万円	700万円
機会原価	700万円	700万円	600万円
機会損失or利得	－200万円(損失)	－100万円(損失)	100万円(利得)

※　機会原価の測定は、代替案の選択に際して、可能な限り機会損失の発生を排除するために重要である。→ 代替案の選択に際し、常に機会利得が発生するようにする必要がある。

参考 原価の本質

特殊原価の本質を機会原価と述べる論者もいるが、この場合の機会原価とは、狭義の機会原価に未来支出原価を加えた広義の機会原価と理解する。また、制度上の原価の本質を過去原価ではなく、支出原価であると述べる論者もいる。

7 差額原価収益分析

差額原価収益分析とは、当該代替案の関連原価たる差額原価や差額利益を用いて行う分析である。

意思決定の評価には、差額原価収益分析が有用である。なぜなら、業務的意思決定において、代替案間に差異をもたらさない埋没原価を含めて検討を行なうと、誤った結論を導いてしまう可能性があるが、差額原価収益分析では差額原価だけを考慮し、埋没原価を考慮外とするからである。

(1) 計算式

差額原価収益分析においては、代替案ごとに差額収益（増分収益）から差額原価（増分原価）を控除した、差額利益（増分利益）を計算して、代替案を評価する。

差額収益 － 差額原価 ＝ 差額利益

※ 差額利益の意味で、差額原価という言葉が使われることがあるため、注意すること。

差額原価（増分原価）は、未来支出原価と機会原価によって構成される。

差額原価 ＝ 未来支出原価 ＋ 機会原価

(2) 差額原価収益分析の分類

差額原価収益分析は、意思決定の及ぼす期間によって、さらに2つに分類される。

Ⅰ	時間価値を考慮しない差額原価収益分析	→	通常の差額原価収益分析
Ⅱ	時間価値を考慮する差額原価収益分析	→	設備投資の経済性計算

具体例

1．以下は相互に排他的な（ある案を選んだら、その他の案は同時に採用できない）投資案である。

	A案	B案
売上高	2,000万円	2,400万円
変動費	1,000万円	1,200万円
固定費	500万円	500万円

2．A案、B案の固定費はすべて共通の生産設備の減価償却費である。

<埋没原価も含めて計算する場合>

	A案	B案	差額（A案－B案）
売上高	2,000万円	2,400万円	△400万円
変動費	1,000万円	1,200万円	△200万円
固定費	500万円	500万円	0万円
利　益	500万円	700万円	△200万円

結論：200万円有利なため、B案を採用する。

<差額原価・収益のみで計算する場合>

	A案	B案	差額（A案－B案）
差額収益	2,000万円	2,400万円	△400万円
差額原価	1,000万円	1,200万円	△200万円
差額利益	1,000万円	1,200万円	△200万円

結論：200万円有利なため、B案を採用する。

第2節　直接原価計算と戦術的意思決定

1　意思決定と直接原価計算の関係

直接原価計算においては、原価要素は変動費と固定費とに分類される。変動費とは、操業度の増減に応じて比例的に増減する原価要素であり、固定費とは、操業度の増減にかかわらず変化しない原価要素である。そして、直接原価計算と意思決定との関係は次の２点が指摘できる。

①	直接原価計算における各セグメントは、意思決定上は１つのプロジェクトとして把握される場合が多いこと。
②	直接原価計算における変動費、固定費は意思決定会計においては、それぞれ差額原価、埋没原価となりやすいこと。その結果、限界利益が差額利益として把握されやすいこと。

セグメント別損益計算書			
		──→	意思決定会計上のプロジェクト
売上高	×××	──→	差額収益
変動費	×××	──→	差額原価
限界利益	×××	──→	差額利益
固定費	×××	──→	埋没原価※
営業利益	×××		

※　固定費であっても、追加固定費や、節約可能固定費は差額評価となる。

■ 例題１　直接原価計算と戦術的意思決定　重要度A

当社は、甲事業部における製品Aの製造・販売を中止するか否かを検討中である。そこで、以下の資料に基づいて、結論を出しなさい。

販売価格	8,000円/個
変動製造原価	6,500円/個
変動販売費	400円/個
固定製造原価	3,000,000円/年
固定販管費	800,000円/年
販売可能量	2,000個/年

※　固定製造原価のうち50%が、固定販管費のうち60%が製造を中止しても回避できない。

■ 解答解説

＜結　論＞

製造・販売を継続する方が380,000円有利である。

1．埋没原価を控除しない方法（単位：円）

	中止	継続	差額	
売上高	0	16,000,000	△16,000,000	← 差額収益
変動費	0	13,800,000	△13,800,000	← 差額原価
限界利益	0	2,200,000	△ 2,200,000	
固定費	1,980,000	3,800,000	△ 1,820,000	← 差額原価
利益	△1,980,000	△1,600,000	△ 380,000	← 差額利益

※　中止しても発生する埋没原価：3,000,000円×50%＋800,000円×60%＝1,980,000円

2．埋没原価を控除する方法（単位：円）

	中止	継続	差額	
売上高	0	16,000,000	△16,000,000	← 差額収益
変動費	0	13,800,000	△13,800,000	← 差額原価
限界利益	0	2,200,000	△ 2,200,000	
固定費	0	1,820,000	△ 1,820,000	← 差額原価
利益	0	380,000	△ 380,000	← 差額利益

※　継続案の固定費の金額（回避可能個別固定費）
3,000,000円×（１－50%）＋800,000円×（１－60%）＝1,820,000円

2 関連原価の損益分岐点分析

⑴ 意義

関連原価の損益分岐点分析とは、操業度との関わりにおいて、低い操業度ではある代替案が有利となり、高い操業度では逆に他の代替案が有利になるという状況で、**代替案の切替点を探ること**により、意思決定に役立てる分析である。

⑵ 前提

代替案間の**固定費と変動費率の大小が互いに逆の関係になっていること。**この関係がない限り、操業度に関わらず、代替案の優劣が常に一定となる。

	A案		B案
固 定 費	A案の固定費	<	B案の固定費
変動費率	A案の変動費率	>	B案の変動費率

上記の場合、ある一定の操業度（切替点）よりも低い場合にA案が有利となり、ある一定の操業度（切替点）よりも高い場合にB案が有利となる。

⑶ 判断

代替案の切替点を算定することで、予想される操業度（販売量）が、切替点のどちらに含まれるかによって判断する。代替案の切替点では、以下の計算式が成立している。

A案の変動費 － B案の変動費 ＝ B案の固定費 － A案の固定費

① 変動費率が常に一定のケース

この場合、以下の計算式によって、代替案の切替点を算定できる。

$$\text{切替点の操業度} = \frac{\text{B案の固定費} - \text{A案の固定費}}{\text{A案の変動費率} - \text{B案の変動費率}}$$

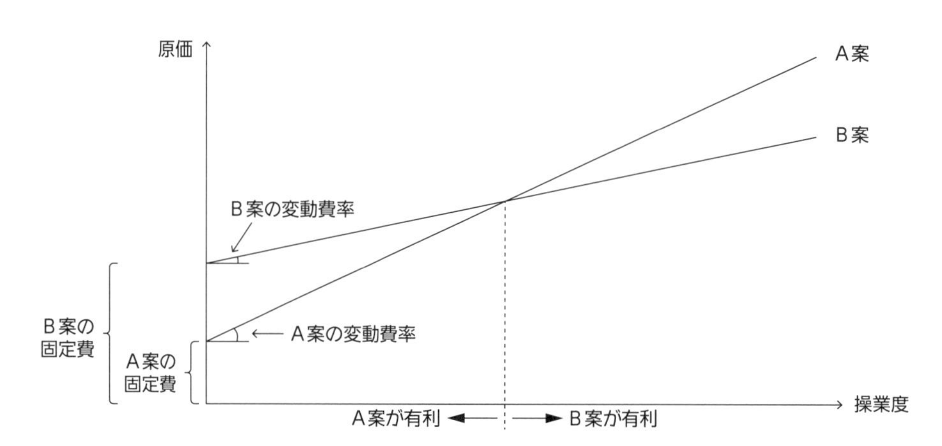

※ 固定費が大きく、変動費率が小さい案（B案）のほうが、操業度が高い時に有利になる。
※ 固定費が小さく、変動費率が大きい案（A案）のほうが、操業度が低い時に有利になる。

■ 例題2　関連原価の損益分岐点分析①　重要度A

当社は必要な部品Xを外部から購入する予定である。購入先の候補として、次の3社があがった。以下の資料に基づいて、各問に答えなさい。

	年間固定費	部品1個当たりの変動費
A社	—	1,000円/個
B社	100,000円	800円/個
C社	370,000円	500円/個

問1　当社の予定購入量を800個としたとき、どこから購入するのが良いか、答えなさい。

問2　予定購入量が何個以上であれば、問1と結論が変わるか、答えなさい。

問3　予定購入量が何個未満であれば、問1と結論が変わるか、答えなさい。

■ 解答解説

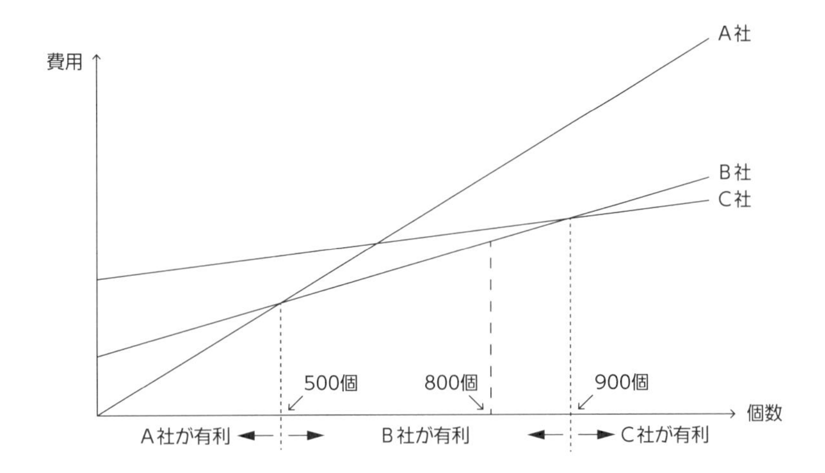

問1

＜結　論＞

予定購入量が800個の場合、B社から購入するのが良い。

1. A社から購入する場合の差額原価：@1,000円/個×800個＝800,000円
2. B社から購入する場合の差額原価：@800円/個×800個＋100,000円＝740,000円
3. C社から購入する場合の差額原価：@500円/個×800個＋370,000円＝770,000円

問2

＜結　論＞

予定購入量が901個以上の場合において、C社から購入するのが良い。

B社よりも変動費率が小さいC社へと切り替える時の予定購入量を計算すればよい。

予定購入量をx個と置くと、

500x＋370,000円＜800x＋100,000円　∴　x＞900　→　よって、901個以上

問3

<結　論>

予定購入量が500個未満の場合において、A社から購入するのが良い。

B社よりも変動費率が大きいA社へと切り替える時の予定購入量を計算すればよい。

予定購入量をx個と置くと、

1,000 x ＜ 800 x + 100,000円　　∴　x ＜ 500　→　よって、500個未満

重要ポイント！！！
意思決定の際には、以上や以下、超や未満といった問の与えられ方に注意する必要がある。

② 変動費率が操業度に応じて変動するケース

ある一定以上の操業度を超えると、変動費率が小さくなることがある。そのような場合には、**変動費率が減少しない操業水準の場合と減少する操業水準の場合で分けて考える**必要がある。

なお、変動費率が減少しない操業水準に切替点がある場合には①と計算方法は一致する。しかし、このような問題の場合、**切替点は減少する操業水準にあることが多い。**

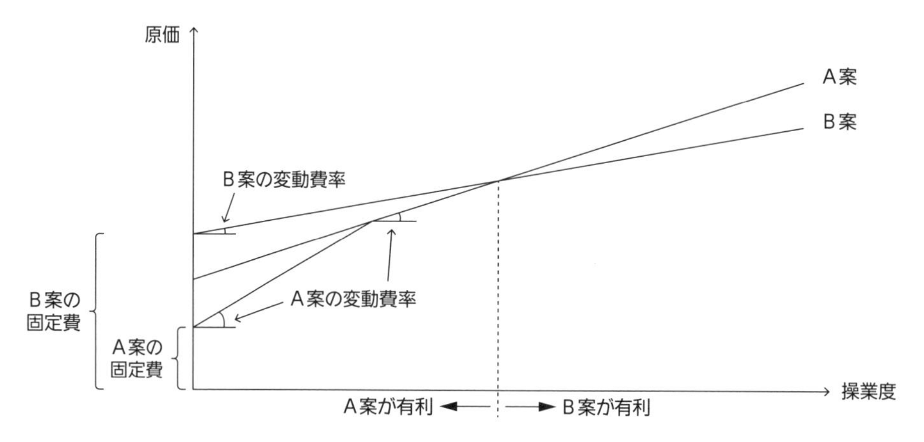

※　固定費が大きく、変動費率が小さい案（B案）のほうが、操業度が高い時に有利になる。
※　固定費が小さく、変動費率が大きい案（A案）のほうが、操業度が低い時に有利になる。

■ 例題3　関連原価の損益分岐点分析②　重要度A

当社では、従来自社で製造していた部品についてこのまま製造を続けるか、あるいは外部から購入するか検討中である。以下の資料に基づいて、下記の意思決定の空欄に当てはまる数値や言葉を答えなさい。

部品の数量が［　　］個を超える場合に、［　　］案の方が有利となる。

自製する場合		購入する場合	
変動製造原価	@0.3万円/個	購入単価	
固定製造原価	500万円	700個まで	@0.55万円/個
		700個を超えた分	@　0.4万円/個

※　ただし、自製を取りやめても、固定製造原価のうち60%は回避できないものである。

■ 解答解説

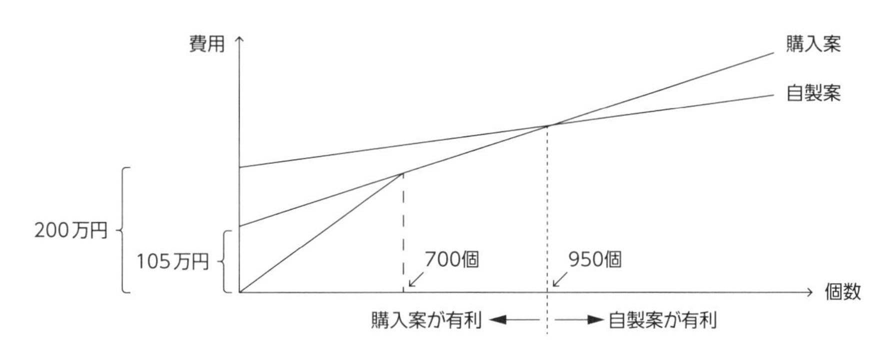

＜結　論＞

部品の数量が 950 個を超える場合に、自製 案の方が有利となる。

(1) 固定製造原価のうち回避可能原価の金額：500万円×（1－60%）＝200万円

(2) 不等式：部品数量をx個と置く（左辺が購入案）

x≦700個のケース：0.55 x ＞0.3 x ＋200万円　　∴　x＞800個　　よって、解なし

x＞700個のケース

700個×@0.55万円－700個×@0.4万円＝105万円（図の購入案の切片）

0.4 x ＋105万円＞0.3 x ＋200万円　　∴　x＞950個　　よって、950個を超える場合に自製が有利

第3節　価格決定

1 コスト・ベースとマーケット・ベース

製品の販売価格の決定方法には、大きく分けてコスト・ベースの価格決定方法と、マーケット・ベースの価格決定方法が存在する。

コスト・ベースの価格決定	原価に目標マーク・アップを加算することで、販売価格を決定する。
マーケット・ベースの価格決定	市場に合わせて価格決定をする方法であり、目標価格から目標利益を差し引いて目標原価を決定する。

2 全部原価ベースと部分原価ベース

コスト・ベースの価格決定において、ベースとするコストの考え方として、全部原価法と部分原価法がある。

(1) 意義

① 全部原価法

全部原価法とは、**製品の全部原価**を計算し、これに**一定の利益（目標利益）を加算**して価格を決定する方法である。ここにいう全部原価とは製造原価に販売費及び一般管理費を加算した総原価をいう。ゆえにこの方法は**総原価法**ともいう。

目標利益は、全部原価や加工費に対する目標マーク・アップ率（付加利益率）、目標投下資本利益率等を達成する利益等として算定する。

> ⅰ　全部原価法目標価格 ＝ @総原価 ＋ @総原価 × マーク・アップ率
> ⅱ　加工費法目標価格 ＝ @総原価 ＋ @加工費 × マーク・アップ率
> ⅲ　投資利益率法目標価格 ＝ @総原価 ＋（投下資本 × 目標投下資本利益率）÷ 生産量

② 部分原価法

部分原価法とは、**製品の部分原価**を計算し、これに**一定の利益を加算**して価格を決定する方法である。ここにいう部分原価とは直接原価計算によって計算された直接原価あるいは増分原価をさす。

> 目標価格 ＝ 単位当たり変動費 ＋ 単位当たり目標限界利益

(2) 全部原価法と部分原価法の長所・短所

全部原価法と部分原価法の長所・短所をまとめると、以下のようになる。

	長　所	短　所
全部原価法	・長期的には固定費も回収する必要があり、投資回収の安全性において優れている。	・弾力的な価格決定ができない。 ・共通費の配賦が恣意的となる。
部分原価法	・弾力的な価格決定が可能 ・ＣＶＰ分析が可能	・変動費だけを回収すれば良いと考え、固定費を回収し損ねる可能性がある。 ・長期的には競争を激化させる危険がある。

3 マーク・アップ率

マーク・アップ率とは、原価に対する利益の大きさの割合をいう。

$$\text{マークアップ率} = \frac{\text{利益}}{\text{原価}} \times 100$$

※　原価は議論の前提の相違によって、全部原価であったり部分原価であったりする。

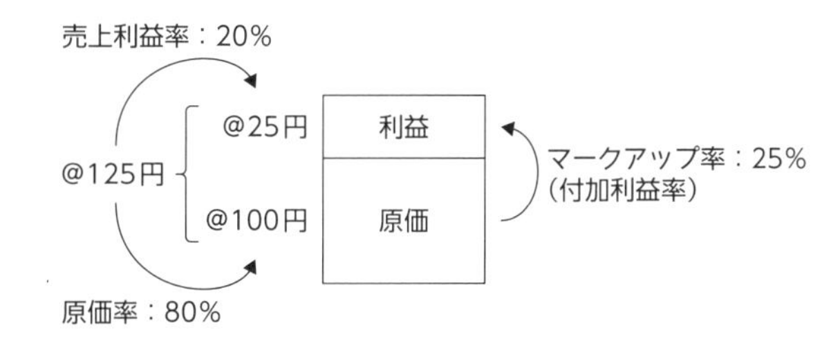

■ 例題４　コストベースの価格決定

重要度B

次の資料に基づき以下の各問に答えなさい。

1．製品単位当たり変動費

直接材料費	600円
直接労務費	800円
変動製造間接費	300円
変動販売費	200円

2．固定費

固定製造間接費	30,000,000円
固定販売費及び一般管理費	5,000,000円

3．予想生産・販売量は100,000個である。
4．投下資本は40,000,000円である。
5．目標投下資本利益率は10%である。

問１　全部原価をベースとして価格決定を行いなさい。
問２　部分原価をベースとして価格決定を行いなさい。
問３　問１において、仮に、全部原価に対しマーク・アップ率20%を付す場合の販売価格を求めなさい。
問４　問１において、仮に、加工費に対しマーク・アップ率30%を付す場合の販売価格を求めなさい。
問５　変動加工費をベースとして、これにマーク・アップ率150%を付す場合の販売価格を求めなさい。

■ 解答解説

問１　全部原価法による販売価格＝単位当たり全部原価＋単位当たり目標利益

単位当たり全部原価：$600円 + 800円 + 300円 + 200円 + \dfrac{30{,}000{,}000円 + 5{,}000{,}000円}{100{,}000個} = 2{,}250円$

単位当たり目標利益：$\dfrac{40{,}000{,}000円 \times 10\%}{100{,}000個} = 40円$

全部原価法による販売価格：2,250円＋40円＝2,290円

問２　部分原価法による販売価格＝単位当たり部分原価＋単位当たり目標限界利益

単位当たり部分原価：600円 ＋ 800円 ＋ 300円 ＋ 200円 ＝ 1,900円

単位当たり目標限界利益：$\dfrac{30{,}000{,}000円 + 5{,}000{,}000円 + 40{,}000{,}000円 \times 10\%}{100{,}000個} = 390円$

部分原価法による販売価格：1,900円＋390円＝2,290円

重要ポイント！！！
全部原価法と部分原価法では、原価補償の考え方が異なるだけで、利益目標が同じであれば、販売価格は同様となる。

問3

目標販売価格：2,250円（全部原価）×（1＋0.2）＝2,700円

問4

単位当たり固定加工費：30,000,000円÷100,000個＝300円

単位当たり加工費：@800円＋@300円＋@300円＝1,400円

目標販売価格：2,250円（全部原価）＋1,400円×0.3＝2,670円

問5

変動加工費：800円＋300円＝1,100円

目標販売価格：1,100円×（1＋1.5）＝2,750円

■ 例題５　目標を達成する販売価格

重要度 **A**

次の資料に基づき以下の各問に答えなさい。

１．製品単位当たり変動費

直接材料費	800円
直接労務費	600円
変動製造間接費	200円
変動販売費	100円

２．次期の予想販売量は200,000個である。

３．個別固定費は40,000,000円である。

４．共通固定費は10,000,000円負担する。

５．目標総資本営業利益率は10％である。

６．変動的資本は売上高の20％、固定的資本は216,000,000円である。

問１　個別固定費を回収する販売価格を求めなさい。

問２　目標総資本営業利益率を達成する販売価格を求めなさい。

■ 解答解説

問１

個別固定費は限界利益で回収されるため、限界利益＝個別固定費となる。

ここで、求める販売価格をＰと置くと、

（Ｐ－1,700円）×200,000個＝40,000,000円　∴　Ｐ＝1,900円

＜別法＞

単位当たり部分原価：800円＋600円＋200円＋100円＝　1,700円

単位当たり目標限界利益：$\frac{40,000,000円}{200,000個}$＝200円

個別固定費を回収する販売価格：1,700円　＋　200円　＝　1,900円

問２

個別固定費、共通固定費は限界利益で回収されるため、限界利益＝個別固定費＋共通固定費＋目標利益となる。

ここで、求める販売価格をＰと置くと、

変動的資本：200,000個×Ｐ×20％＝40,000Ｐ円

固定的資本：216,000,000円

目標利益：（40,000Ｐ円＋216,000,000円）×10％＝4,000Ｐ円＋21,600,000円

よって、

（Ｐ－1,700円）×200,000個＝40,000,000円（個別固定費）＋10,000,000円（共通固定費）

＋4,000Ｐ円＋21,600,000円

∴　Ｐ＝2,100円

重要ポイント！！！
個別固定費を回収する販売価格や、目標利益を達成する販売価格の決定は、ＣＶＰ分析と同様である。

4 価格低限

価格低限とは、**短期的に損失を出さないための最低限度の価格**、すなわち短期的に生産販売を継続できる最低限度の価格である。価格低限は、**生産販売を中止すれば生じなく、継続すれば生じる原価**（主に変動費）によって決定される。

価格低限 ＝ 変動費（＋ 生産を継続すると生じる固定費）

■ 例題6　価格低限　重要度A

　甲社は競争の厳しい製品Xを製造販売している。この製品Xを新たに乙社に売り込むつもりであるが、相当な値引きが必要となる。しかし、今後のことも考慮すると、どうしても乙社との取引は確保しておきたい。そこで、以下の資料に基づき各問に答えなさい。

1．製品X単位当たり原価及び売価情報

販売価格	1,000円/個
製造原価	600円/個
販売費及び一般管理費	200円/個

2．製造原価のうち、固定費の予算額は2,000,000円である。
3．予定生産量は5,000個である。
4．販売費及び一般管理費のうち、変動費は@150円/個である。

問1　乙社との商談でいくらにまで販売価格を値下げできるかを求めなさい。

問2　仮に、乙社へは通常の製品Xに特殊な機能を追加して2,000個販売するとして、この機能の追加には固定費がさらに500,000円必要である場合、乙社への販売価格は少なくともいくら以上でなければならないか、答えなさい。

■ 解答解説

問1　＜結　論＞　@350円/個にまで販売価格を値下げできる。

(1)　単位当たり固定費：2,000,000円÷5,000個＝@400円/個
(2)　単位当たり変動費：@600円/個－@400円/個＋@150円/個＝@350円/個

問2　＜結　論＞　@600円/個以上でなければならない

(1)　単位当たり変動費：@600円/個－@400円/個＋@150円/個＝@350円/個
(2)　追加固定費：500,000円÷2,000個＝@250円/個
(3)　価格低限：@350円/個＋@250円/個＝@600円/個

第4節　最適プロダクト・ミックスの意思決定

1　最適プロダクト・ミックスを決定する必要性

企業の生産能力や経営資源には一定の限界があり、複数種類の製品の生産・販売にこれらを共通に使用するならば、これらの共通資源の利用割合を決定し、**利益を最大化する製品の組合せ**（プロダクト・ミックスないしセールス・ミックス）**を決定する必要**がある。

2　判断基準

(1)　基本的な方針

最適プロダクト・ミックスの判断基準は共通の制約条件の数によって異なる。基本的な方針は以下のとおりである。

共通の制約条件	最適プロダクト・ミックスの判断基準
1つ	制約条件単位当たりの限界利益が最も大きいものを優先的に生産する
2つ以上	各制約条件の優劣が一致　→　共通の制約条件が1つの場合と同じ
	各制約条件の優劣が異なる　→　リニア・プログラミングの適用

具体例

製品単位当たりデータ

	製品A	製品B	備　考
部品X	2kg/個	1kg/個	最大で200kgまで調達可能
部品Y	1kg/個	—	最大で100kgまで調達可能
部品Z	2kg/個	2kg/個	無制限に調達可能
加工時間	1h/個	2h/個	最大で200h加工作業が可能

共通の制約条件	部品X、加工時間
製品Aのみの制約条件	部品Y
制約条件ではない	部品Z

⑵　リニア・プログラミング（ＬＰ：線型計画）

①　意義

リニア・プログラミングとは、複数の線型的な制約条件のもとで、線形関数の最大値（最小値）を求める方法である。なお、原価計算においては、線型関数により限界利益が表され、限界利益を最大にする製品の組合せが求められる。

②　必要性

各製品に共通する**制約条件が１種類**の場合、**リニア・プログラミングは必要ない**。なぜなら、**制約条件の単位当たり限界利益がより大きい製品に資源を多く配分**すれば良いからである。

しかし、現実の経営では、販売上の制約のみならず、原材料、労働力、生産能力等、多数の制約条件があり、それらの希少資源のもとで活動を行っている。従って、複数の制約条件のもとでの製品組合せを求めるリニア・プログラミングの技法が有用になるのである。

③　目的関数、制約条件、非負条件

ＬＰにおいては、次の３つのものを用意する必要がある。

目的関数	限界利益あるいは営業利益の最大値を表す関数である。なお、営業利益を表す場合には、固定費を控除する。
制約条件	制約条件ごとに、製品単位当たりに消費される資源の合計とその利用可能量とを不等号によって定式化したものである。
非負条件	製品販売の性質による条件であり、通常はゼロ以上として各製品ごとに示される。

3　共通の制約条件が１つの場合

共通の制約条件が１つの場合には、**制約条件単位当たりの限界利益が最も大きいものを優先的に生産する**。

■ 例題７　共通の制約条件１つ　重要度Ａ

次の資料に基づいて、各問に答えなさい。

１．製品単位当たりデータ

	製品Ａ	製品Ｂ
販売価格	10,000円/個	20,000円/個
直接材料費	6 kg/個	14kg/個
加工時間	4 h/個	8 h/個

２．両製品は同一の直接材料を使用しており、その単価は@500円/kgである。

３．両製品の加工作業の単価は@1,000円/ｈである。

問１　販売可能量が両製品合わせて4,000個である場合の最適セールスミックスを答えなさい。

問２　売上高の制約が30,000,000円である場合の最適セールスミックスを答えなさい。

問３　作業時間の制約が20,000時間である場合の最適セールスミックスを答えなさい。

■ 解答解説

問１

(1)　製品単位当たり限界利益

製品Ａ：10,000円／個－（@６kg×@500円/kg＋@４ h×@1,000円／ h）＝@3,000円／個

製品Ｂ：20,000円／個－（@14kg×@500円/kg＋@８ h×@1,000円／ h）＝@5,000円／個

(2)　最適セールスミックス

単位当たり限界利益の大きい製品Ｂを制約条件である販売可能量限界まで生産・販売する。

よって、最適セールスミックスは「製品Ａ：０個、製品Ｂ：4,000個」となる。

問２

(1)　限界利益率（売上高１円当たり限界利益額）

製品Ａ：@3,000円／個÷@10,000円／個＝30％

製品Ｂ：@5,000円／個÷@20,000円／個＝25％

(2)　最適セールスミックス

限界利益率の大きい製品Ａを制約条件である売上高限界まで生産・販売する。

製品Ａの生産・販売量：30,000,000円÷@10,000円／個＝3,000個

よって、最適セールスミックスは「製品Ａ：3,000個、製品Ｂ：０個」となる。

重要ポイント！！！

売上高や賃金等の限度額が共通の制約条件となる場合には、１円当たりの限界利益額（限界利益率、原価効率）によって判断する。

問３

(1)　作業時間単位当たり限界利益

製品Ａ：@3,000円／個÷@４ h＝@750円／ h

製品Ｂ：@5,000円／個÷@８ h＝@625円／ h

(2)　最適セールスミックス

作業時間単位当たり限界利益の大きい製品Ａを制約条件である作業時間限界まで生産・販売する。

製品Ａの生産・販売量：20,000 h÷@４ h＝5,000個

よって、最適セールスミックスは「製品Ａ：5,000個、製品Ｂ：０個」となる。

4　共通の制約条件が２つ以上の場合

共通の制約条件が２つ以上の場合には、さらに、製品の種類や制約条件ごとの限界利益の優劣によって判断基準が異なる。

(1)　製品が２種類であり、共通の制約条件が２つ以上の場合

①　それぞれの制約条件当たり限界利益の優位が２種類の製品で同じ場合

→　制約条件当たり限界利益の優れている製品から順に販売する

②　それぞれの制約条件当たり限界利益の優位が２種類の製品で異なる場合

→　リニア・プログラミングを用いる

■ 例題8　共通の制約条件2つ以上

重要度A

次の資料に基づいて、各問に答えなさい。

	製品A	製品B
販売価格	1,500円/個	1,200円/個
単位当たり変動費	900円/個	700円/個
単位当たり限界利益	600円/個	500円/個
単位当たり作業時間	1 h/個	2 h/個
単位当たり機械時間	2 h/個	? h/個
実現可能需要量	2,100個	1,900個
年間作業能力	4,000 h	
年間機械稼働能力	5,000 h	
年間固定費	800,000円	

問1　製品Bの単位当たり機械時間が2 h/個である場合の最適セールスミックスを答えなさい。

問2　製品Bの単位当たり機械時間が1 h/個である場合の最適セールスミックスを答えなさい。

■ 解答解説

問1　＜結　論＞製品Aを2,100個、製品Bを400個生産販売する。

(1)　制約条件当たりの限界利益額

	製品A		製品B	
製品単位当たり限界利益	600円		500円	
作業時間単位当たり限界利益	1 h	→ 600円/h	2 h	→ 250円/h
機械時間単位当たり限界利益	2 h	→ 300円/h	2 h	→ 250円/h

→　制約条件単位当たり限界利益が両方大きい製品Aを可能な限り多く生産・販売する。

(2)　製品Aの生産販売量

①　年間作業能力による限界生産量：4,000 h ÷@1 h = 4,000個

②　年間機械稼働時間による限界生産量：5,000 h ÷@2 h = 2,500個

③　製品Aの実現可能需要量：2,100個

∴　よって、製品Aは2,100個生産販売する。

(3)　製品Bの生産・販売量

①　年間作業能力による限界生産量

作業能力の残り：4,000 h −@1 h × 2,100個 = 1,900 h

生産量：1,900 h ÷@2 h = 950個

②　年間機械稼働時間による限界生産量

機械稼働能力の残り：5,000 h −@2 h × 2,100個 = 800 h

生産量：800 h ÷@2 h = 400個

③　製品Bの実現可能需要量：1,900個

∴　よって、製品Bは400個生産販売する。

問2　＜結　論＞製品Aを2,000個、製品Bを1,000個生産販売する。

(1)　制約条件当たりの限界利益額

	製品A	製品B
製品単位当たり限界利益	600円	500円
作業時間単位当たり限界利益	1 h　→　600円/h	2 h　→　250円/h
機械時間単位当たり限界利益	2 h　→　300円/h	1 h　→　500円/h

→　制約条件ごとに優劣が異なるため、リニア・プログラミングを適用する。

(2)　問題の定式化

			傾き
目的関数	Max Z = Max(600 A + 500 B)		− 5/6
制約条件	①　A + 2 B ≦ 4,000	年間作業能力	− 2
	②　2 A + B ≦ 5,000	年間機械稼働能力	− 1/2
	③　A ≦ 2,100	製品A需要量	0
	④　B ≦ 1,900	製品B需要量	∞
非負条件	A ≧ 0		
	B ≧ 0		

(3)　可能領域のグラフ化

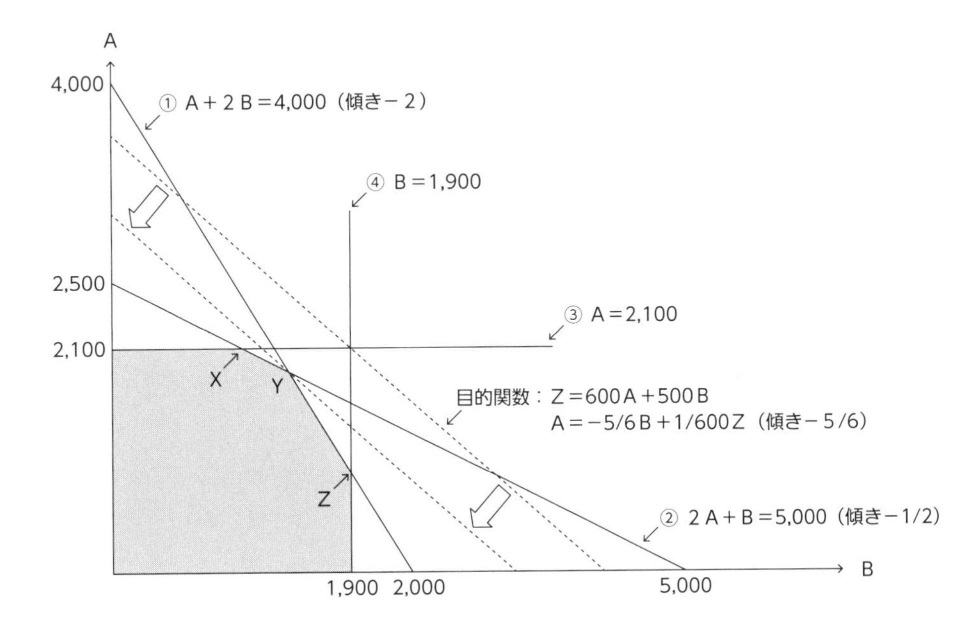

(4) 最適セールスミックスの算定

(ⅰ) 目的関数を可能領域に外側から近づけていき、最初に接する点を最適解とする方法

(省　略)

(ⅱ) 可能領域の各端点における目的関数の数値を計算し、もっとも大きいものを最適解とする方法

点X：A＝2,100個　B＝800個　→　600×2,100＋500×800＝1,660,000円

点Y：A＝2,000個　B＝1,000個　→　600×2,000＋500×1,000＝1,700,000円

<点Yの求め方>
①式を2倍する：A＋2B＝4,000　→　2A＋4B＝8,000・・・①´
①´－②：3B＝3,000　∴ B＝1,000
B＝1,000を①式に代入：A＋2,000＝4,000　∴ A＝2,000

点Z：A＝200個　B＝1,900個　→　600×200＋500×1,900＝1,070,000円

よって、最適セールスミックスは点Yにおける、製品Aが2,000個、製品Bが1,000個となる。

(ⅲ) 各制約条件と目的関数の傾きを比較して、グラフ上の最適解を見付ける方法

目的関数の傾き

$600A + 500B = Z$

$A = -\frac{5}{6}B + \frac{Z}{600}$ → 傾き $-\frac{5}{6}$

制約条件①の傾き

$A = -2B + 4{,}000$ → 傾き -2

制約条件②の傾き

$A = -\frac{1}{2}B + 2{,}500$ → 傾き $-\frac{1}{2}$

制約条件③の傾き：0

制約条件④の傾き：∞

よって、目的関数の傾きは、制約条件①と②の間にあることから、最適セールスミックスは交点である点Yとなる。すなわち、製品Aが2,000個、製品Bが1,000個となる。

(2) 製品が3種類であり、共通の制約条件が2つ以上の場合

3種類の製品の順位付けをし、最も優位、若しくは最も劣位な製品を探す。

→ 最も優位、最も劣位の製品を除いて、共通の制約条件2つ、2種類の製品によるセールス・ミックスと同様に計算する。

→ 最も優位、最も劣位の製品が無い場合には、シンプレックス法によって計算する(出題可能性が著しく低いため、説明は割愛する)。

具体例

製品単位当たりデータ

	製品A	製品B	製品C
限界利益	400円/個	600円/個	800円/個
原料	1kg/個	2kg/個	4kg/個
加工時間	1.5h/個	1h/個	4h/個

制約条件当たり限界利益

	製品A	製品B	製品C
原料1kg当たり限界利益	400円/kg	300円/kg	200円/kg
加工時間1時間当たり限界利益	266円/h	600円/h	200円/h

製品Cの制約条件当たり限界利益は、ともに最も小さい（製品Cは最も劣位）ので製品Cを除いて、製品Aと製品Bのリニア・プログラミングによって解答する。

（製品Cは、製品AとBを可能な限り生産した後の残りで生産する。）

第５節　部品の自製か購入かの意思決定

1　意義

製品の製造に必要な部品について自製か購入かを決定することである。よって、自製するか購入するかの比較であり、基本的には自製案の差額原価と購入案の差額原価による比較である。ただし、遊休生産能力の取り扱いに注意しなければならない。

なお、自製か購入かの意思決定では、ある部品の必要量を境にして、購入と自製で有利な領域が分かれ、意思決定の切替点が存在することが多い（第２節を参照のこと）。

2　現在保有している遊休生産能力を利用するケース

このケースでは、変動製造原価と購入原価の比較に加え、部品の自製に伴って追加で発生する一部の固定費ないし節約可能固定費があれば、これを考慮する必要がある。

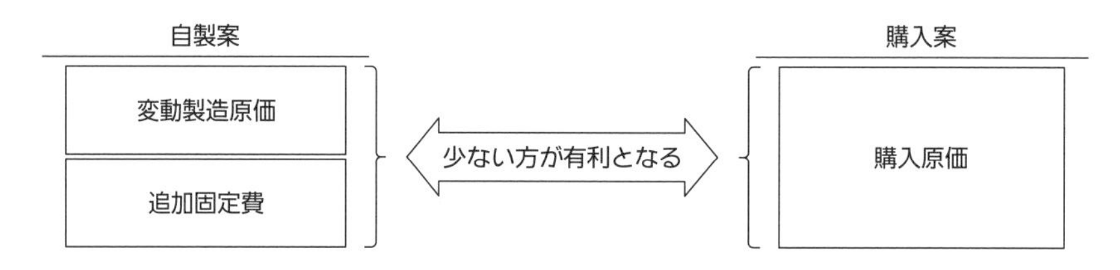

■ **例題９　自製か購入かの意思決定①**　重要度Ａ

当社では、新製品Ｘの生産に必要な部品Ｙについて、保有する遊休生産能力を利用して自製するか、それとも購入するかを検討している。以下の資料に基づき、自製か購入かの意思決定を行いなさい。

1．部品Ｙの購入原価：800円／個

2．部品Ｙの製造原価

直接材料費：350円／個

加工費：500円／個

3．その他のデータ

(1)　部品の年間必要量は40,000個である。

(2)　自製の場合の加工費には、固定費が含まれている。固定費の年間予算は5,000,000円である。ただし、当該固定費のうち30％は製造しなければ発生しない。

■ 解答解説

(1)　変動加工費：500円/個 − 5,000,000円 ÷ 40,000個 = 375円/個

(2)　自製案の差額原価

直接材料費：@350円/個 × 40,000個 = 14,000,000円

変動加工費：@375円/個 × 40,000個 = 15,000,000円

節約可能固定費：5,000,000円 × 30% = 1,500,000円　　∴　30,500,000円

(3)　購入案の差額原価

購入原価：@800円/個 × 40,000個 = 32,000,000円　　∴　32,000,000円

(4)　意思決定

1,500,000円有利なため、部品Yを自製する。

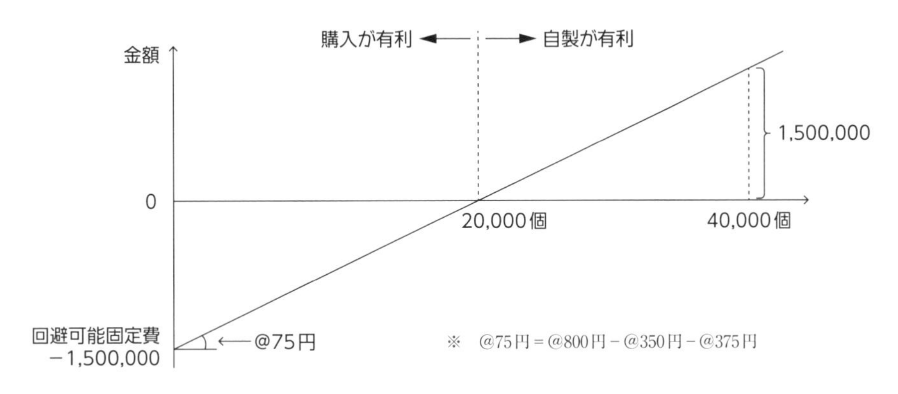

3　遊休生産能力が生じるケース

自製から購入への切り替えを検討する場合のように、購入によって遊休生産能力が生じるケースがある。この場合、購入によって生じた遊休生産能力を他の用途に利用（貸し出しも含む）できるならば、他の用途への利用によって得られる利益または節約できる原価を、機会原価として自製案の差額原価（もしくは購入案の差額収益）に加える必要がある。

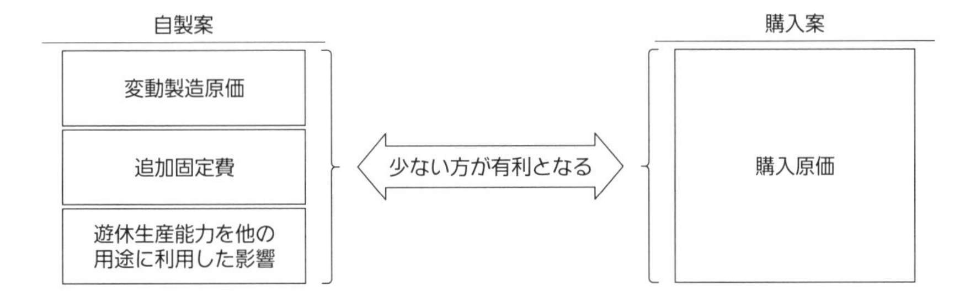

■ 例題10　自製か購入かの意思決定②

重要度B

当社では製品Xを製造・販売している。これまで、製品Xの生産に必要な部品Yを自製してきたが、購入への切り替えを検討している。以下の資料に基づき、自製か購入かの意思決定を行いなさい。

1．部品Yの購入原価：500円/個

2．部品Yの製造原価

　直接材料費：200円/個

　加工費：350円/個

3．その他のデータ

(1)　部品の年間必要量は10,000個である。

(2)　自製の場合の加工費には、固定費が含まれている。固定費の年間予算は1,500,000円である。ただし、当該固定費のうち40%は製造しなければ発生しない。また、部品Yを自製しない場合には、生産能力に余剰が生じることになるが、当該余剰生産能力は500,000円で他社に貸し出すことが可能である。

■ 解答解説

(1)　変動加工費：350円/個－1,500,000円÷10,000個＝200円/個

(2)　自製案の差額原価

　直接材料費：@200円/個×10,000個＝2,000,000円

　変動加工費：@200円/個×10,000個＝2,000,000円

　節約可能固定費：1,500,000円×40%＝600,000円

　生産能力のリース代金（機会原価）：500,000円　　∴　5,100,000円

(3)　購入案の差額原価

　購入原価：@500円/個×10,000個＝5,000,000円　　∴　5,000,000円

(4)　意思決定

　100,000円有利なため、部品Yを購入に切り替える。

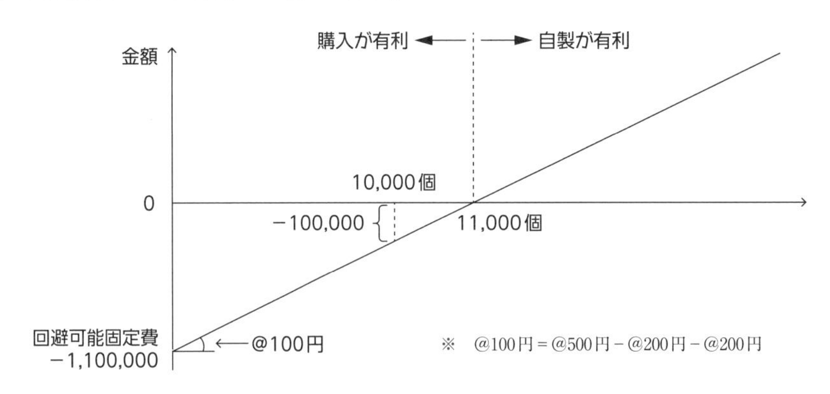

4 遊休生産能力が無いケース

購入から自製への切り換えを検討する場合においては、遊休生産能力がないことが多い。このような場合に自製を行うためには、以下のような対応が考えられる。

(1) 別の製品や部品の一部製造を断念することで生じた生産能力を利用する

この場合、別の製品や部品を割高な購入に切り替えることになるため、「別の部品等を購入に切り替えたことによって生じた損失」を機会原価として自製案の差額原価に加算する。

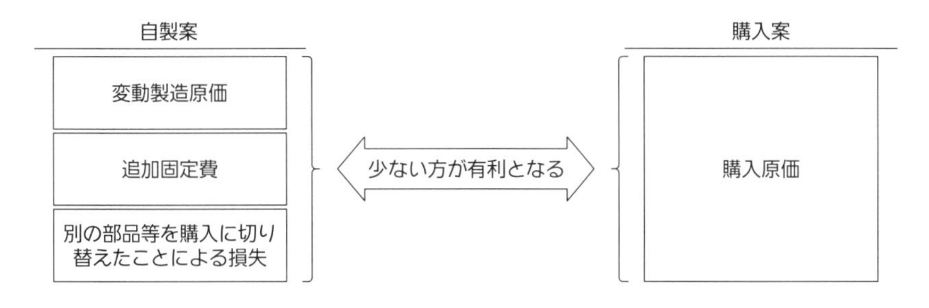

■ 例題11 自製か購入かの意思決定③

重要度B

当社では、当期の利益計画の設定にあたり以下の資料を検討し、部品Aを自製し、部品Bは購入することとした。ところが期中において部品Bの市価が高騰したため、再度部品Bの自製の可能性を検討することとなった。そこで、以下の資料に基づき、どのような意思決定をすべきか答えなさい。

1．当期の利益計画時における見積もり

	部品A	部品B
購入原価	900円/個	800円/個
製造原価		
直接材料費	300円/個	350円/個
変動加工費	400円/個	400円/個

※　部品Aは生産能力をフルに利用して自製する。

2．期中において新たに判明した事項

(1) 部品Bの購入価格は880円/個に高騰した。

(2) 当月末をもって部品Bの購入契約が切れるため、自製に切り替えても既存の取引関係には影響しない。

(3) 両部品とも年度末までの必要量は10,000個である。

(4) 部品Bを自製する場合にも生産能力はフルに利用され、余剰は生じない。

■ 解答解説

(1) 部品B自製案の差額原価

直接材料費：@350円/個×10,000個＝3,500,000円

変動加工費：@400円/個×10,000個＝4,000,000円

部品Aを購入に切り替える損失（機会原価）：(900円/個－700円/個)×10,000個＝2,000,000円

∴ 9,500,000円

(2) 部品B購入案の差額原価

購入原価：@880円/個×10,000個＝8,800,000円　　∴ 8,800,000円

(3) 意思決定

700,000円有利なため、部品Aを自製し部品Bを購入する。

(2) 生産設備の貸し出しを受ける

この場合、生産設備のリース代金を自製案の差額原価に加算する。

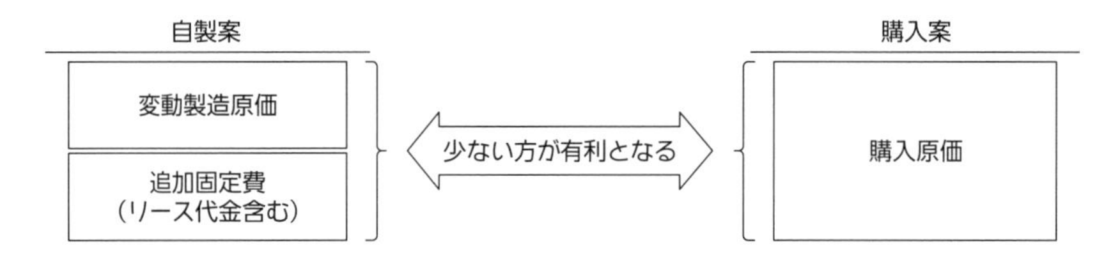

■ 例題12　自製か購入かの意思決定④　重要度B

当社では製品Xを製造・販売している。これまで、製品Xの生産に必要な部品Yを購入してきたが、部品Yの自製に必要な原料yの市価が値下がりしたため、自製への切り替えを検討している。以下の資料に基づき、自製か購入かの意思決定を行いなさい。

1．部品Yの購入原価：500円/個

2．部品Yの製造原価

原料y：150円/個

変動加工費：250円/個

3．その他のデータ

(1) 部品の年間必要量は5,000個である。

(2) 部品Yを自製する場合には、専用機械をリースすることが必要となる。当該機械のリース代金は450,000円/年である。

■ 解答解説

(1) 自製案の差額原価

原料y：@150円/個×5,000個＝750,000円

変動加工費：@250円/個×5,000個＝1,250,000円

専用機械のリース代金（追加固定費）：450,000円　　∴　2,450,000円

(2) 購入案の差額原価

購入原価：@500円/個×5,000個＝2,500,000円　　∴　2,500,000円

(3) 意思決定

50,000円有利なため、部品Yを自製に切り替える。

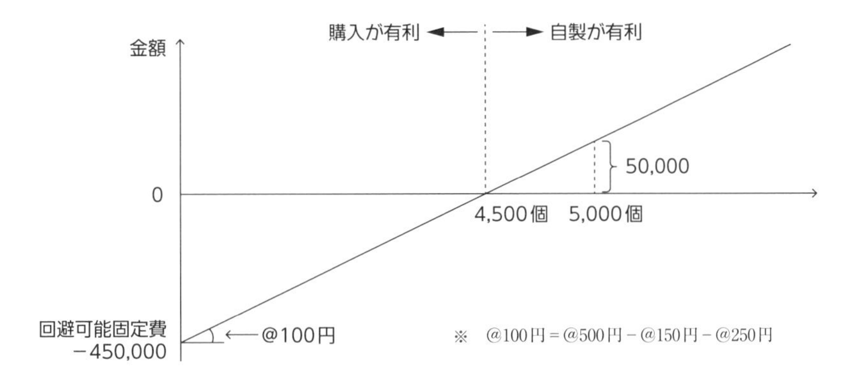

(3) **生産設備を購入する**

この場合、設備投資に関する意思決定となり、長期的な観点からの意思決定が必要となるため、戦略的意思決定（第19章で説明）において取り扱う。

第6節　受注可否の意思決定

1 意義

受注可否の意思決定とは、既存の生産能力の範囲内で、追加で受注を引き受けるか否かを決定することである。

2 判断基準

(1) 典型的なケース

受注可否の意思決定においては、受注製品の販売価格が、製品単位当たりの変動費以上であれば、注文を引き受けるべきであるが、追加的に発生する固定費がある場合、それも差額原価として考慮する必要がある。

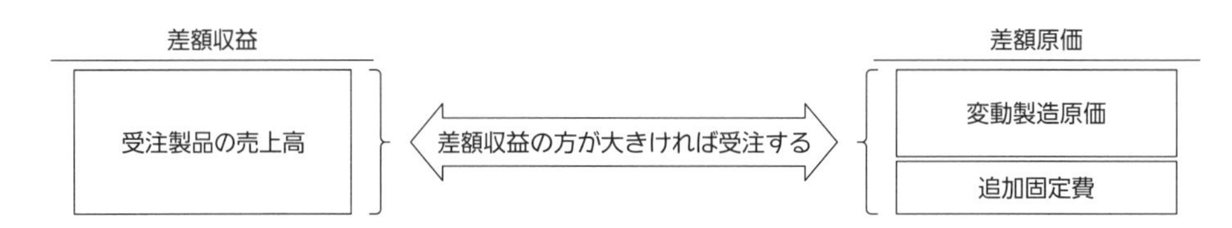

■ 例題13　受注可否の意思決定①　重要度B

当社は製品Aを市場で販売しているが、ライバル製品が多数あり、これ以上、市場での販売量増加は見込めない。そんな折り、甲社より、当社製品を300台購入するから3割値引きしてほしいとの引き合いがあった。以下の資料に基づき、甲社の注文を引き受けるべきか否かの意思決定を行いなさい。

1．製品Aの原価データ

製造原価	変動費	3,000円/台
	固定費	2,000円/台
販管費	変動費	200円/台
	固定費	50,000円/年

2．製品Aは市場では7,000円/個で販売している。

3．甲社への販売には、別にサービス費が300,000円必要となる。

4．当社には、十分な遊休生産能力がある。

■ 解答解説

⑴　差額収益

7,000円/台×70%×300台＝1,470,000円

⑵　差額原価

製造費用：@3,000円/台×300台＝900,000円

販管費：@200円/台×300台＝60,000円

サービス費：300,000円　　　∴　1,260,000円

⑶　意思決定

210,000円有利なため、甲社からの注文を引き受ける。

⑵　特段の注意が必要なケース

①　既存の取引先に影響を与える場合

廉価で追加注文を受注する場合に、既存の取引先との関係においても、値引きをしなければならないことがある。このような場合には、当該値引額を機会原価として差額原価に加算する必要がある。

ただし、特に指示の無い限り、既存の取引先への影響は無いものとして計算する。

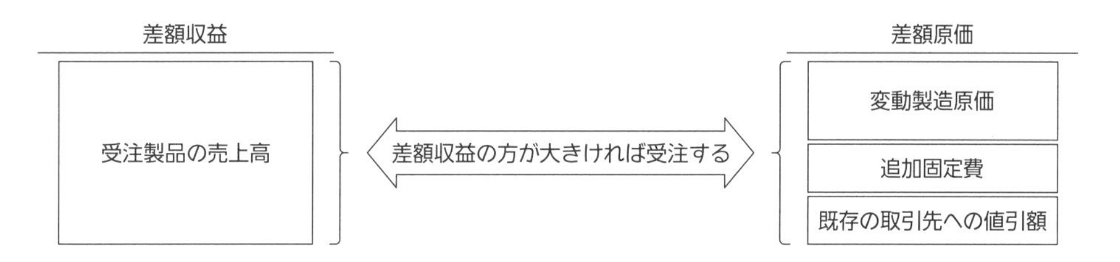

■ 例題14　受注可否の意思決定②　重要度B

当社は製品αを受注生産している。現在、新規にZ社からの注文があったため、これを受注するかを検討している。以下の資料に基づき、Z社からの注文を引き受けるべきか否かの意思決定を行いなさい。

1．製品αの原価データ

製造原価	変動費	200円/個
	固定費	400,000円/年
販管費	変動費	40円/個
	固定費	100,000円/年

2．製品αの注文状況

	注文数	単　価	状　況
X社	2,000個	@560円/個	受注済
Y社	1,500個	@620円/個	受注済
Z社	500個	@380円/個	検討中

3．Z社の注文を引き受ける場合には、Z社への販売価格の150%以内になるように他社への販売価格も変更しなければならない。

4．当社には、十分な遊休生産能力がある。

■ 解答解説

(1) 差額収益

380円/個×500個＝190,000円

(2) 差額原価

変動費：(@200円/個＋@40円/個) ×500個＝120,000円

Y社への値引額（機会原価）：(@620円/個－@380円/個×150%) ×1,500個＝75,000円

∴ 195,000円

(3) 意思決定

5,000円有利なため、Z社からの注文を受注しない。

② **追加注文が連産品である場合**

追加注文が連産品である場合には、注文を受けた連産品のみを生産することができるわけではないことに注意する必要がある。すなわち、結合原価は総額で発生するため、**連産品全体で意思決定をする**（他の連産品の製造販売も同時に考慮する）必要がある。

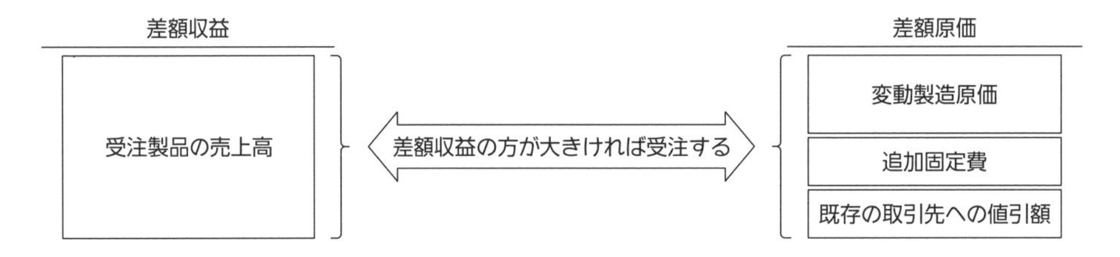

■ 例題15 受注可否の意思決定③

重要度B

当社では、連産品A及びBを生産・販売している。連産品A及びBは、分離後そのまま外部に売却できるが、連産品Aについては市場に販売できるのに対し、連産品Bについては個別受注によって販売する。現在、連産品Aを市場に2,000単位、連産品BをX社に1,000単位販売しているが、Y社から連産品Bを@500円で200単位購入したいとの引き合いがあった。当社は当該注文を受注すべきか否か、答えなさい。

1. 各連産品は工程の終点で、A＝2：B＝1の割合で産出される。
2. 連産品Aを2,000単位、連産品Bを1,000単位生産するのに必要な原価（結合原価）

   結合原価：2,000,000円　(変動費：1,000,000円)
   　　　　　　　　　　　　(固定費：1,000,000円)

3. 当社には十分な生産能力がある。
4. 連産品Aは市場に@300円で無制限に売却できるものとする。
5. 販売費等については考慮しないものとする。

■ 解答解説

(1)　各連産品の追加生産量

連産品Ａ：400単位、連産品Ｂ：200単位

(2)　差額収益

連産品Ａの売上増加額：400単位×@300円/個＝120,000円

連産品Ｂの売上増加額：200単位×@500円/個＝100,000円

∴　220,000円

(3)　差額原価

結合原価の増加額：1,000,000円÷（2,000単位＋1,000単位）×（400単位＋200単位）＝200,000円

(4)　意思決定

20,000円有利なため、Ｙ社からの注文を引き受ける。

第７節　追加加工の可否の意思決定

1 意義

追加加工の可否の意思決定とは、既存の生産能力の枠内において、追加加工を行うべきか否かを決定することである。

2 判断基準

追加加工の可否の意思決定においては、**追加加工前のデータ**は**埋没原価**となり、追加加工による収益増加額と、追加加工による原価増加額を比較して、収益増加額が大きければ追加加工をすることになる。

なお、以下のようなケースにおいては、特段の注意が必要となる。

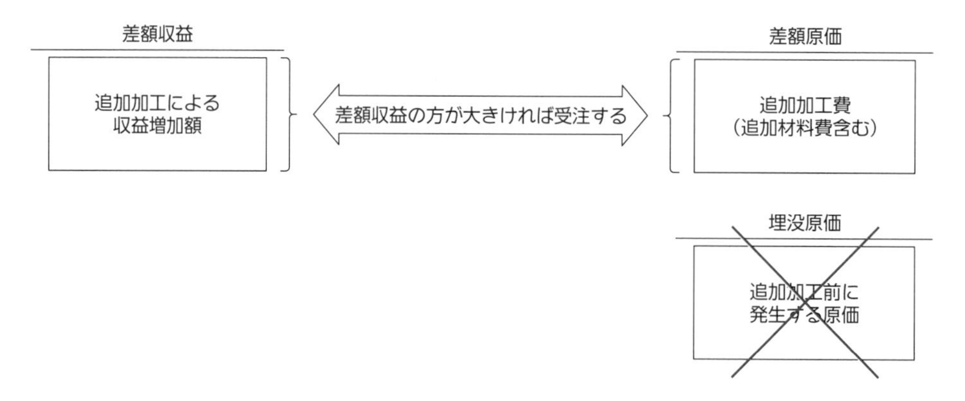

⑴　製品数量が増減する場合

追加材料の投入によって製品数量が増加する場合や、追加加工工程における仕損等によって製品数量が減少する場合には、収益増加額の計算において**製品数量の増減による影響を考慮**する必要がある。

⑵　追加加工を検討する製品が連産品の場合

連産品の一部を追加加工するか否かという問題においては、**結合原価は埋没原価**（追加加工前に発生するから）となり、その按分額を意思決定に影響させないことに注意する必要がある。

■ 例題16　追加加工の可否の意思決定　　重要度A

当社では、連産品A、Bを生産・販売している。従来、連産品は分離後そのまま外部に販売していたが、連産品Aについては追加加工後販売しようか考慮中である。よって、以下の資料に基づいて、追加加工すべきか否かの意思決定を行いなさい。

1．生産データ

月初仕掛品	200個	（0.5）
当月投入	1,500個	
計	1,700個	
月末仕掛品	300個	（0.8）
完成品	1,400個	（連産品A：800個、連産品B：600個）

2．原価データ

月初仕掛品原価		115,000円
当月投入		
	原料費	300,000円
	加工費	231,000円

3．その他のデータ

	連産品A	連産品B
追加加工前の見積売価	500円/個	400円/個
見積追加加工費	120,000円	—
追加加工後の見積売価	700円/個	—

※　なお、連産品Aは、追加加工工程の終点で10%が減損する。

■ 解答解説

(1)　差額収益

連産品Aの売上増加額：@700円/個×800個×90%－@500円/個×800個＝104,000円

(2)　差額原価

追加加工費：120,000円

(3)　意思決定

追加加工しないほうが16,000円有利である。

第８節　経済的発注量（economic order quantity：ＥＯＱ）分析

1　経済的発注点の意義

固定発注点方式においては、ある一定の在庫量に減少した時に、一定量を発注する。ここで、経済的発注点とは、もっとも経済的な発注時点であり、発注してから補充されるまでに必要な日数を見積もり、**発注をかけるべき時点における材料在庫の残高**によって示される。

具体例

材料の見積消費量は100kg/日、注文から補充までのリードタイムは10日、安全在庫は200kgである。

補充期間の消費量：100kg × 10日 = 1,000kg

経済的発注点：1,000kg + 200kg = 1,200kg　　∴　材料在庫が1,200kgになったとき

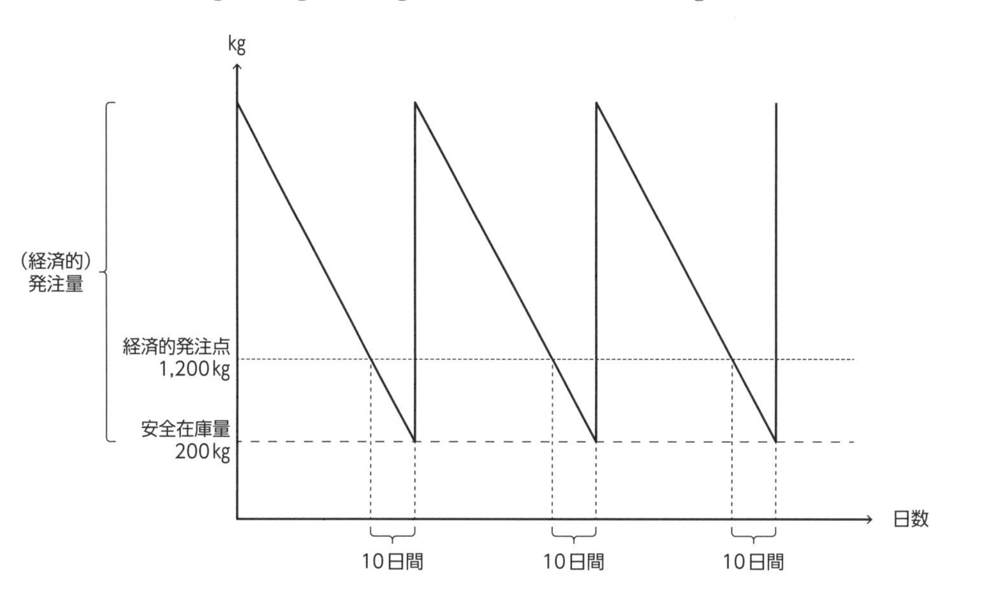

■ 例題17　経済的発注点　　重要度B

以下の資料に基づいて、X材料の経済的発注点を答えなさい。

1．年間のX材料必要量は5,110kgである。

2．材料発注から入庫までのリードタイムは20日である。なお、１年は365日として計算する。

3．当社は安全在庫量を200kg保有する方針である。

4．X材料は年間を通じて平均的に消費されるものとする。

■ 解答解説

(1)　１日当たりの材料消費額：5,110kg ÷ 365日 = 14kg/ 日

(2)　経済的発注点：14kg/ 日 × 20日 + 200kg = 480kg

2 経済的発注量の意義

経済的発注量とは、固定発注点方式を採用する場合に、トレードオフ関係にある発注コストや在庫維持コスト（保管費）などの関連費用の合計（在庫関連総原価）が最小となる、１回当たりの材料の発注量である。つまり、このような１回当たりの発注量を分析することで、調達過剰によって滞留在庫が生じ、資金繰りが悪化することや、調達不足によって製品の不足が生じ、需要を逃すことを防ぐことができる。

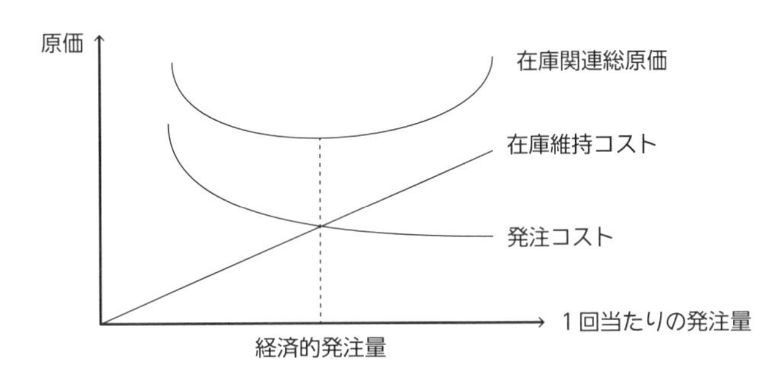

3 経済的発注量の計算

(1)　前提条件

経済的発注量分析においては、次のような前提ないしは仮定が設けられている。

①	各発注点における発注量は一定である。
②	年間の材料消費量、１回当たりの発注費、及び材料１単位当たりの保管費は既知である。材料は年間を通じて、平均的に消費される。
③	単位当たり購入原価は、発注量に関係なく一定である。

(2)　材料在庫に関する費用

材料在庫管理に関する総費用は、以下の２つの費用から構成される。

発注コスト	１回当たりの発注に応じて発生するものであり、１回当たりの発注量の増加により減少する（発注回数が減少するから）ものである。 ex）電話代、検査費用、購入支払費用
在庫維持コスト	在庫量の増加に応じて発生するものであり、１回当たりの発注量の増加により増加する（平均在庫量が増加するから）ものである。 ex）金利、保管費、保険料

※　両者はトレードオフの関係にあるから、両者の合計が最少となる発注量を分析する。

(3) 経済的発注量分析

年間材料必要量Ｙ、１回当たりの発注費Ｃ、１単位当たりの在庫維持コストＩ、１回当たりの発注量Ｑ、とすると、

１年間における発注回数：Ｙ／Ｑ

発注コスト：Ｃ（Ｙ／Ｑ）

平均在庫量：Ｑ／２

在庫維持コスト：Ｉ（Ｑ／２）

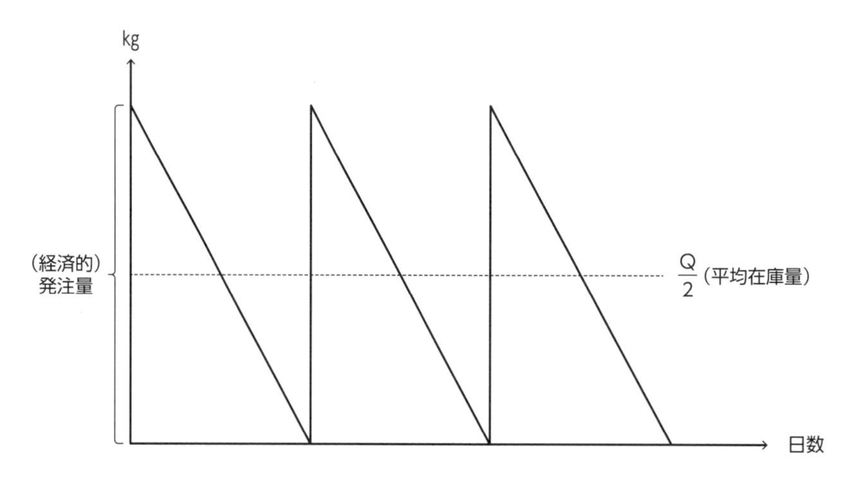

したがって、在庫関連総原価額（Ｓ）は、以下のようになる。

$$在庫関連総原価（S）= \frac{Y}{Q} \cdot C + \frac{Q}{2} \cdot I$$

$$経済的発注量（Q）= \sqrt{\frac{2 \cdot C \cdot Y}{I}}$$

参 考 経済的発注量の証明

① 第一法

$$S = \frac{Y}{Q} \cdot C + \frac{Q}{2} \cdot I$$

SをQで微分する

$$\frac{dS}{dQ} = -\frac{Y}{Q^2} \cdot C + \frac{I}{2}$$

上式をゼロと置き、をQについて解く。

$$-\frac{Y}{Q^2} \cdot C + \frac{I}{2} = 0 \qquad \therefore Q = \sqrt{\frac{2 \cdot C \cdot Y}{I}}$$

② 第二法

発注コストと在庫維持コストが等しくなるようなQを求める。

$$\frac{Y}{Q} \cdot C = \frac{Q}{2} \cdot I \qquad \therefore Q = \sqrt{\frac{2 \cdot C \cdot Y}{I}}$$

(4) 計算上の注意点

① 在庫関連総原価に含まない原価

以下に示すものは、発注量に影響を受けないため、経済的発注量分析における発注コストや在庫維持コストに含めずに、埋没原価となる。

埋没原価となる発注コスト	1kg当たり引取費用、発注担当者、倉庫担当者の給料
埋没原価となる在庫維持コスト	倉庫の減価償却費、電力料、安全在庫に関するもの

② 資本コストの取り扱い

材料を保有するということは、資金が当該材料に拘束されているため、その資金を他の投資機会に投下していれば得られたであろう利益（例えば、銀行への預け入れによる利息）を逸していると考えられる。そのため、資本コストを**機会原価として、在庫維持コストに含める**必要がある。

③ 購入単位が定められている場合

購入単位が定められている場合には、以下の手順により経済的発注量を算定する。

(i) 購入単位を無視して経済的発注量を算定する。
(ii) 購入単位に合ったその前後の発注量を求める。
(iii) 前後それぞれにおける在庫関連総原価を算定して、小さい方を選択する。

例えば、購入単位が100kgであり、購入単位を無視して算定した経済的発注量が1,060kgであるならば、1,000kgと1,100kgの場合の在庫関連総原価を算定し、小さい方を算定する。

④ 1回当たりの発注量に応じて値引きが受けられる場合

一度に多くの材料を発注すると、値引きを受けられることがある。このような場合には、値引を受けられる場合と受けられない場合に分け、受けられる場合には、値引き額を在庫関連総原価から控除して計算する。

⑤ 安全在庫がある場合

安全在庫とは、急な注文や材料の仕入関連のトラブルによって、材料が不足することを防ぐために、常に確保しておくべき在庫のことである。安全在庫については、1回当たりの発注量に関係なく、必ず保有するものであり、**安全在庫に関わる在庫維持コストは埋没原価**となる。

■ 例題18　経済的発注量分析①　重要度B

次の資料に基づき、各問に答えなさい。

1．	H材料1kg当たりの引取費用	500円/kg
2．	H材料発注1回当たりの通信費	600円/回
3．	H材料発注担当者の給与（月給）	150,000円
4．	H材料発注1回当たりの検査費	5,650円/回
5．	H材料保管倉庫の減価償却費（月間）	40,000円
6．	H材料1kg当たりの年間火災保険料	300円/kg
7．	H材料1kg当たりの購入代価	1,500円/kg
8．	H材料1kg当たりの資本コスト	投資額（購入代価＋引取費用）の5％
9．	H材料の年間必要量	800,000kg

問1　H材料の1回当たりの経済的発注量を求めなさい。

問2　安全在庫が200kgであるとき、他の条件を一定として経済的発注量を求めなさい。

■ 解答解説

問1

(1)　1回当たり発注コスト

600円/回（通信費）＋5,650円/回（検査費）＝6,250円/回

(2)　1kg当たりの在庫維持費

（1,500円＋500円）×5％（資本コスト）＋300円（保険料）＝400円/kg

(3)　経済的発注量

$$\text{EOQ} = \sqrt{\frac{2 \times 800{,}000\text{kg} \times 6{,}250/\text{回}}{400\text{円}/\text{kg}}} = 5{,}000\text{kg}$$

問2

安全在庫は経済的発注量の算定においては無関係である。よって、EOQ＝5,000kg

■ 例題19　経済的発注量分析②　重要度B

次の資料に基づき、各問に答えなさい。

1．Ｘ材料の年間必要量　4,000kg
2．Ｘ材料の発注１回当たり発注費　12,500円／回
3．Ｘ材料の１kg当たりの保管費　250円／kg

問１　購入単位が500kg単位である場合の経済的発注量を求めなさい。

問２　１回に1,000kg発注すると１kgにつき５円の値引が受けられる場合の経済的発注量を求めなさい。

■ 解答解説

問１

$$\text{EOQ} = \sqrt{\frac{2 \times 4{,}000\text{kg} \times 12{,}500/\text{回}}{250\text{円}/\text{kg}}} \fallingdotseq 632\text{kg}$$

⑴　ＥＯＱ＝500kgのときの在庫関連総原価
（4,000kg÷500kg）×12,500円／回＋（500kg÷２）×250円／kg＝162,500円

⑵　ＥＯＱ＝1,000kgのときの在庫関連総原価
（4,000kg÷1,000kg）×12,500円／回＋（1,000kg÷２）×250円／kg＝175,000円　∴　ＥＯＱ＝500kg

問２

⑴　ＥＯＱ＝500kgのときの在庫関連総原価
162,500円

⑵　ＥＯＱ＝1,000kgのときの在庫関連総原価
175,000円－4,000kg×５円／kg＝155,000円　∴　ＥＯＱ＝1,000kg

第9節　セグメントの廃止か継続かの意思決定

1 意義

セグメントとは、事業部や製品などの収益区分単位のことである。セグメントの廃止か継続かの意思決定は、当該セグメントの売上の伸びが期待できず、かつ当該セグメントを廃止しても、他のセグメントに影響を及ぼさないことが前提となる。

2 判断基準

以下の形式におけるセグメント別損益計算書における**貢献利益がマイナスとならない限り、活動を継続するべき**となる。なぜなら、貢献利益がマイナスでない限り、節約不能個別固定費や共通固定費を回収して、全社的利益の獲得に貢献するセグメントであると判断できるからである。

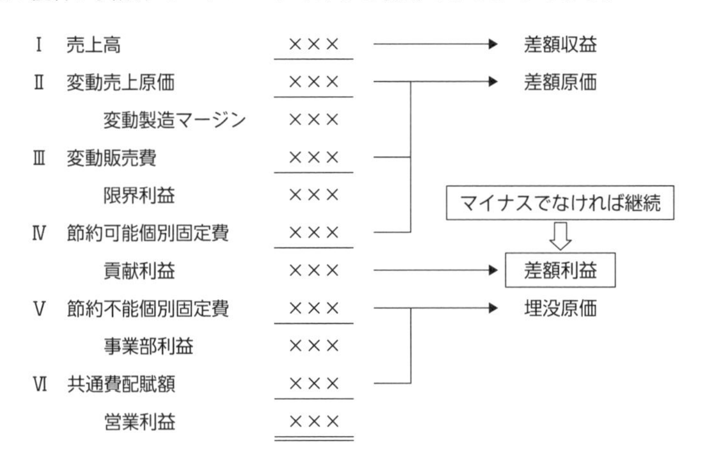

3 生産中止点売上高の算定

上記損益計算書において、**貢献利益がゼロとなる点**を、生産中止点、操業中止点あるいは工場閉鎖点などと呼ぶ。生産中止点売上高は、節約可能個別固定費を限界利益率で除すことで算定する。

$$生産中止点売上高 = \frac{節約可能個別固定費}{限界利益率}$$

■ 例題20　セグメントの廃止か継続かの意思決定　重要度A

次の資料に基づき、各問に答えなさい。

1．甲事業部の損益計算書

売上高	5,000,000円
売上原価	4,200,000円
総利益	800,000円
販管費	1,000,000円
営業利益	△200,000円

2．原価に占める固定費の割合は、売上原価が45%、販管費が71%である。

3．固定費合計のうち、10%は節約不能である。

4．期首・期末に棚卸資産はない。

5．共通固定費は存在しない。

問1　生産中止点売上高を求めなさい。

問2　廃止か継続かの意思決定を行いなさい。

■ 解答解説

問1

(1)　セグメント別損益計算書

売上高	5,000,000円	
変動売上原価	2,310,000円	← 4,200,000円×（1－45%）
変動販売費	290,000円	← 1,000,000円×（1－71%）
限界利益	2,400,000円	
節約可能固定費	2,340,000円	
貢献利益	60,000円	
節約不能固定費	260,000円	
営業利益	△200,000円	

(2)　固定費総額：4,200,000円×45%＋1,000,000円×71%＝2,600,000円

(3)　節約可能固定費：2,600,000円×（1－10%）＝2,340,000円

(4)　節約不能固定費：2,600,000円×10%＝260,000円

(5)　限界利益率：2,400,000円÷5,000,000円＝48%

(6)　生産中止点売上高：2,340,000円÷48%＝4,875,000円

問2

問1のセグメント別損益計算書における貢献利益がプラス60,000円であるため、継続するほうが60,000円有利である。

第19章

意思決定会計Ⅱ（戦略的意思決定）

第1節　戦略的意思決定の基礎概念

1　戦略的意思決定と設備投資意思決定

戦略的意思決定は、**経営の基本構造の変革を伴う随時的な意思決定**をいう。

設備投資意思決定とは、戦略的意思決定に基づいて行われる、**設備に対する資本支出の計画**である。投資は資本支出を意味し、その経済的効果が長期に渡る支出のことである。設備投資意思決定では、**資本予算としての検討**がなされる。

なお、本章においては、この設備投資意思決定について説明していく。

2　設備投資意思決定の特徴

(1)　会計実体と会計期間

設備投資意思決定においては、プロジェクトごとに意思決定を行うため、会計実体は個々のプロジェクトであり、会計期間はプロジェクトの予想貢献年数となる。

設備投資意思決定	会計実体	個々のプロジェクト
	会計期間	予想貢献年数

(2)　キャッシュ・フローによる評価

設備投資意思決定は、投資の始点から終点までの全体損益計算であるから、発生主義ではなく現金主義による**現金流出入額（キャッシュ・フロー）によって評価を行う**のが望ましいとされている。

(3)　貨幣の時間価値を考慮する

設備投資意思決定においては、**貨幣の時間価値を考慮する**のが望ましいとされる。なぜなら、設備投資意思決定は、長期に渡ってその効果が発現し、**キャッシュ・フローの発生するタイミング**が様々なためである。逆に、業務的意思決定においては、短期間であるためキャッシュ・フローではなく会計的な利益で評価し、貨幣の時間価値は考慮しない。

3 貨幣の時間価値

ここでは、設備投資意思決定において重要となる貨幣の時間価値について説明していく。なお、以下の説明で次の記号を使用する。

年数：n（n＝0は現在である）　現在価値：P　将来価値：F　利子率：r

(1) 将来価値の計算・・・利殖係数（終価係数）について

現在におけるP円が将来のn年後において、どのくらいの価値を有するかを示すと、次のとおりである。

P円の1年後の将来価値	$F_1 = P(1+r)$
P円の2年後の将来価値	$F_2 = P(1+r)^2$
⟆	⟆
P円のn－1年後の将来価値	$F_{n-1} = P(1+r)^{n-1}$
P円のn年後の将来価値	$F_n = P(1+r)^n$

このような関係から、n年後におけるP円の将来価値は、P円に$(1+r)^n$を掛ければ求められる。この$(1+r)^n$を利殖係数という。

利殖係数（終価係数）＝$(1+r)^n$

将来価値(F_n)＝$P(1+r)^n$

具体例

利子率10％において、1,000円の3年後までの将来価値は、それぞれ次のとおりである。

1,000円の1年後の将来価値	F_1 = 1,000円 × 1.1 = 1,100円
1,000円の2年後の将来価値	F_2 = 1,000円 × 1.1^2 = 1,210円
1,000円の3年後の将来価値	F_3 = 1,000円 × 1.1^3 = 1,331円

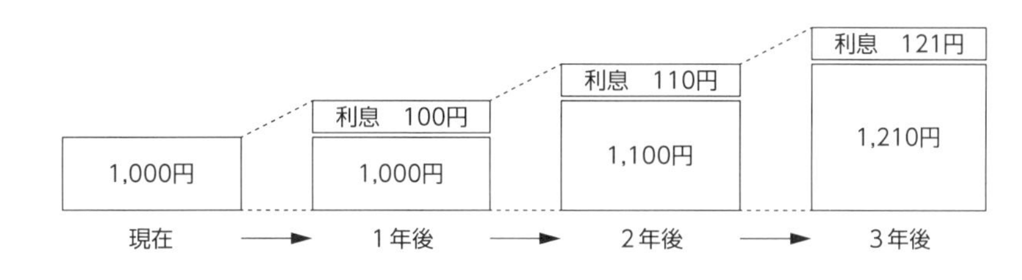

(2) 現在価値の計算・・・現価係数について

将来のn年後におけるF_n円が、現在においてどのくらいの価値を有するかを示すと、次のとおりである。

1年後のF_1円の現在価値	$P = F_1 \dfrac{1}{(1+r)}$
2年後のF_2円の現在価値	$P = F_2 \dfrac{1}{(1+r)^2}$
∫	∫
n－1年後のF_{n-1}円の現在価値	$P = F_{n-1} \dfrac{1}{(1+r)^{n-1}}$
n年後のF_n円の現在価値	$P = F_n \dfrac{1}{(1+r)^n}$

このような関係から、n年後におけるF_n円の現在価値は、F_n円に$\dfrac{1}{(1+r)^n}$を掛ければ求められる。

この$\dfrac{1}{(1+r)^n}$を現価係数といい、先に説明した利殖係数$(1+r)^n$の逆数である。

$$現価係数 = \frac{1}{(1+r)^n}$$

※　端数処理の関係で、現価係数は問題上与えられるケースが多い。

$$現在価値（P）= F_n \times \frac{1}{(1+r)^n}$$

具体例

利子率10％において、1年後の1,100円、2年後の1,210円、3年後の1,331円の現在価値は、それぞれ次のとおりである。

1年後の1,100円の現在価値	$P = 1{,}100円/1.1 = 1{,}000円$
2年後の1,210円の現在価値	$P = 1{,}210円/1.1^2 = 1{,}000円$
3年後の1,331円の現在価値	$P = 1{,}331円/1.1^3 = 1{,}000円$

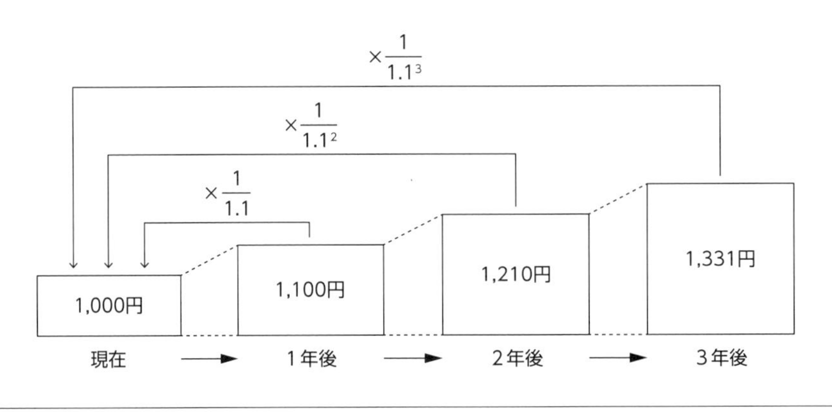

(3) 現在価値の計算・・・年金現価係数について

ある特定の年度までの現価係数の合計を年金現価係数という。毎期同額のキャッシュ・フローが生じる場合には、この年金現価係数を利用して一度に年金現価合計として現在価値を算定する方が便利である。

具体例

利子率10％において、３年間均等に1,000円のキャッシュ・フローがある場合の現在価値合計を求めなさい。なお、利子率10％のときの現価係数は次のとおりである。

資本コスト	１年後	２年後	３年後	年金現価係数
10％	0.91	0.83	0.75	2.49

現在価値合計：1,000円×2.49＝2,490円

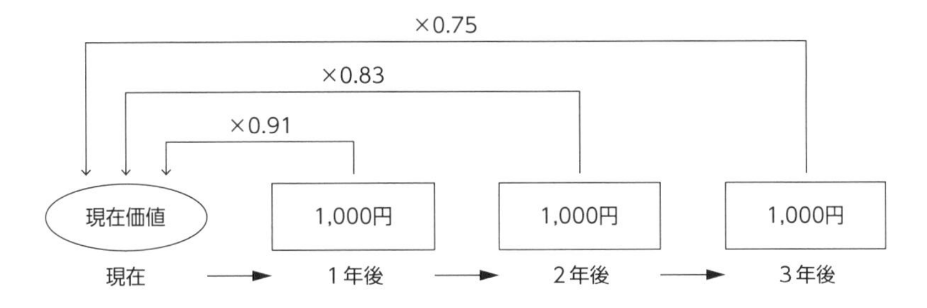

なお、無限の現価係数の合計は、利子率をｒとするとき、１／ｒで表現することができる。

ex）利子率８％の場合の無限の現価係数の合計　→　12.5

つまり、結果として無限に毎期同額発生するＣＦを現在の価値に割り引く場合には、ＣＦを利子率で除せば良い。

ex）毎期1,000円が未来永劫同額発生する場合　→　1,000円÷８％＝12,500円

(4) 資本費の計算・・・資本回収係数について

資本回収係数とは、年金現価係数の逆数であり、投資額を回収するために最低限度必要な毎期のキャッシュ・フローを投資額から算定するための係数である。

4 資本コスト率の設定

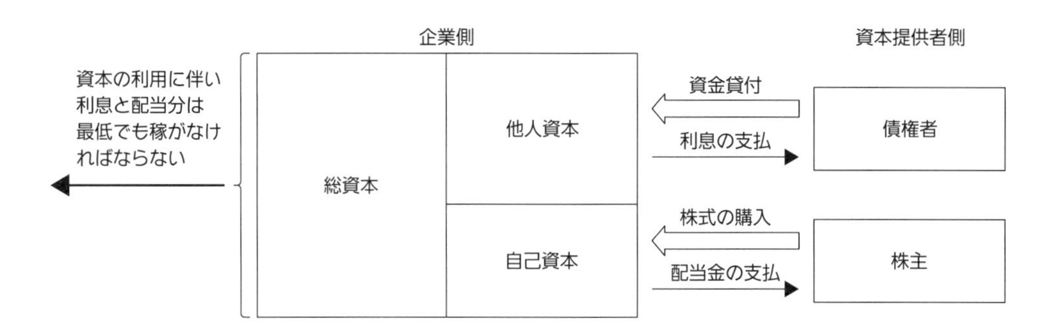

(1) 資本コストの意義

資本コストとは、企業が資本を調達し利用することと引き換えに負う損失・価値犠牲をいう。企業側から見た場合と投資家側からの両側面から説明すると以下のようになる。

企業側から見た場合	資本調達の見返りとして、資本提供者たる投資家に対して負担しなければならない報酬を意味する。
投資家側から見た場合	資本提供の見返りとして、企業に対して要求する報酬を意味する。

(2) 資本コスト率の役立ち

資本コスト率を下回るような収益率の低い投資を行えば、企業や投資家は損失を被るため、企業価値は低下する。よって資本コスト率は、設備投資意思決定に際して、当該投資から獲得しなければならない**必要最低限の利益率**、ないし**切捨率**を表し、**投資案の採択の判断基準**として役立つ。

(3) 資本コストの種類

① 調達源泉別コスト

調達源泉別コストとは、資本の種類ごとに把握される資本コストであり、他人資本コストと自己資本コストに大別できる。

分類	内容	具体例
他人資本コスト	債権者が要求する報酬	借入金利息、社債利息
自己資本コスト	株主が要求する報酬	配当金、株価の値上がり

② 加重平均資本コスト率

加重平均資本コストとは、企業が調達した全ての資本に対して負担する必要のあるコストである。負債D、自己資本E、税引後負債コスト率K_d、自己資本コスト率K_eとすると、加重平均資本コスト率は、以下のように表される。

$$\text{加重平均資本コスト率（WACC）} = \frac{E}{D+E}K_e + \frac{D}{D+E}K_d$$

※ 負債コスト率K_dは税法上損金算入されることから、実際に負担する**負債コスト率K_dは税引後の数値**である点に注意すること。

※ 負債コスト率K_d、自己資本コスト率K_eはともに、**通常は時価をベース**として算定されるものである。ただし、負債の時価は帳簿価額と一致していることが多いため、特に指示の無い限り、負債については帳簿価額を時価とみなして計算する。

■例題１　加重平均資本コストの算定

重要度Ａ

以下の資料に基づいて、各問に答えなさい。なお、法人税の実効税率は40％であるものとする。

貸借対照表（単位：百万円）と調達源泉別資本コスト（税引前）

買掛金	1,400	
借入金	2,000	→ ５％
社　債	1,000	→ ３％
資本金	3,000	→10％

問１　加重平均資本コストを求めなさい。

問２　以下の資料を追加して、加重平均資本コストを求めなさい。

発行済み株式総数　1,000,000株	株価　＠3,250円／株

■解答解説

問１

項　目	金　額	構成割合		税引後資本コスト率		
借入金	2,000	33.3…％	×	3.0％	＝	1.00％
社債	1,000	16.6…％	×	1.8％	＝	0.30％
資本金	3,000	50％	×	10.0％	＝	5.00％
合　計	6,000	100％				6.30％

問２

項　目	金　額	構成割合		税引後資本コスト率		
借入金	2,000	32％	×	3.0％	＝	0.960％
社債	1,000	16％	×	1.8％	＝	0.288％
資本金	3,250	52％	×	10.0％	＝	5.200％
合　計	6,250	100％				6.448％

第2節　プロジェクトの評価方法

1　プロジェクトの評価方法の種類

設備投資の経済性計算におけるプロジェクトの評価方法は、画一的な分類はなされていない。そこで、本節では、特に有名な正味現在価値法、現在価値指数法、内部利益率法、回収期間法、投下資本利益率法を取り扱う。

2　正味現在価値法（ＮＰＶ）

(1)　意義

正味現在価値法とは、投資によりもたらされる正味現金流入額を資本コストで割引くことにより正味現在価値を算定し、その正味現在価値がより大きいプロジェクトを有利とする評価法である。

(2)　計算式

正味現在価値 ＝ 年々の増分現金流入額の現在価値合計 － 投資額の現在価値合計

(3)　正味現在価値法における判断基準

独立投資案の採否を選択する場合	正味現在価値がプラスであれば採用する。
相互排他的投資案の順位付けを行う場合	正味現在価値が大きい方を有利とする。

※　独立投資案とは、特定の投資案との関係において、そのどちらも採用され得る投資案をいう。
※　相互排他的投資案とは、特定の投資案との関係において、そのどちらかしか採用され得ない投資案をいう。

(4)　長所と短所

長所	・ＣＦによって計算する ・時間価値を考慮している ・金額のため、価値加法性の原理が成立し、資本予算の編成に役立つ ・相互排他的投資案の正しい順位付けが可能
短所	・将来ＣＦの予測に不確実性がある ・資本コストの測定が困難である ・金額のため、投資額に対する資金効率が判明しない

■ 例題２　正味現在価値法

重要度Ａ

以下の資料に基づいて、各設問に答えなさい。

〔Ａ案〕

新規設備Ａ　10,000千円
耐用年数　４年
残存価額　ゼロ
増分現金流入額　（単位：千円）

１年	２年	３年	４年
3,750	3,750	3,750	3,750

〔Ｂ案〕

新規設備Ｂ　12,000千円
耐用年数　４年
残存価額　ゼロ
増分現金流入額　（単位：千円）

１年	２年	３年	４年
4,100	6,000	4,400	3,000

資本コスト：10％	１年	２年	３年	４年
現価係数	0.91	0.83	0.75	0.68
年金現価係数	0.91	1.74	2.49	3.17

問１　Ａ案とＢ案がそれぞれ独立の投資案の時、正味現在価値法によって、それぞれを採用するか否かを答えなさい。

問２　Ａ案とＢ案が相互に排他的な投資案の時、正味現在価値法によって、意思決定を行いなさい。

■ 解答解説

問１

(1)　Ａ案の正味現在価値

3,750千円 × 3.17 − 10,000千円 = 1,887.5千円

∴　正味現在価値がプラスであるため、Ａ案を採用する。

(2)　Ｂ案の正味現在価値

①　年々のＣＦの現在価値

年数	１年	２年	３年	４年
Ｎ・Ｃ・Ｆ	4,100	6,000	4,400	3,000
現価係数	0.91	0.83	0.75	0.68
Ｐ・Ｖ	3,731	4,980	3,300	2,040

※　Ｐ・Ｖ（現在価値）＝ＮＣＦ×現価係数

②　正味現在価値

3,731千円 + 4,980千円 + 3,300千円 + 2,040千円 − 12,000千円 = 2,051千円

∴　正味現在価値がプラスであるため、Ｂ案を採用する。

問２

2,051千円 − 1,887.5千円 = 163.5千円　　∴　163.5千円有利なため、Ｂ案を採用する。

3 現在価値指数法（収益性指数法）

⑴ 意義

現在価値指数法とは、投資によりもたらされる増分現金流入額の現在価値合計を分子とし、投資額の現在価値合計を分母として、投資の収益性を示す指数を算定し、その指数の高いプロジェクトを有利とする評価法である。

⑵ 計算式

$$\text{現在価値指数} = \frac{\text{年々の増分現金流入額の現在価値合計}}{\text{投資額の現在価値合計}} \times 100$$

⑶ 判断基準

独立投資案の採否を選択する場合	現在価値指数が100％超であれば採用する。
相互排他的投資案の順位付けを行う場合	現在価値指数が大きい方を有利とする。

⑷ 長所と短所

長所	・ＣＦによって計算する ・時間価値を考慮している ・比率のため、投資額に対する資金効率が判明する
短所	・将来ＣＦの予測に不確実性がある ・資本コストの測定が困難である ・比率のため、価値加法性の原理が成立せず、資本予算の編成への役立ちに限界がある

■ 例題3　現在価値指数法　重要度C

以下の資料に基づいて、各設問に答えなさい。なお、端数が生じる場合には%未満を四捨五入するものとする。

〔A案〕
新規設備A　10,000千円
耐用年数　4年
残存価額　ゼロ
増分現金流入額　(単位：千円)

1年	2年	3年	4年
3,750	3,750	3,750	3,750

〔B案〕
新規設備B　12,000千円
耐用年数　4年
残存価額　ゼロ
増分現金流入額　(単位：千円)

1年	2年	3年	4年
4,100	6,000	4,400	3,000

資本コスト：10%	1年	2年	3年	4年
現価係数	0.91	0.83	0.75	0.68
年金現価係数	0.91	1.74	2.49	3.17

問1　A案とB案がそれぞれ独立の投資案の時、現在価値指数法によって、それぞれを採用するか否かを答えなさい。

問2　A案とB案が相互に排他的な投資案の時、現在価値指数法によって意思決定を行いなさい。

■ 解答解説

問1

(1)　A案の正味現在価値指数

3,750千円 × 3.17 ÷ 10,000千円 × 100 ≒ 119%

∴　現在価値指数が100%超であるため、A案を採用する。

(2)　B案の正味現在価値

①　年々のCFの現在価値

年数	1年	2年	3年	4年
N・C・F	4,100	6,000	4,400	3,000
現価係数	0.91	0.83	0.75	0.68
P・V	3,731	4,980	3,300	2,040

※　P・V（現在価値）＝NCF×現価係数

②　現在価値指数

(3,731千円 + 4,980千円 + 3,300千円 + 2,040千円)　÷ 12,000千円 × 100 ≒ 117%

∴　現在価値指数が100%超であるため、B案を採用する。

問2

A案の方が、現在価値指数が高いため、A案のほうが有利である。

4 内部利益率法（ＩＲＲ）

⑴ 意義

投資によりもたらされる年々の増分現金流入額の現在価値が、投資額の現在価値と等しくなるような利益率（正味現在価値をゼロとするような割引率）を求め、その利益率の高いプロジェクトを有利とする評価法である。ただし、資本コストよりも高い利益率でなければ採用できない。

⑵ 計算式

投資額の現在価値 ＝ 年々の増分現金流入額の現在価値合計
このような等式が成立するような利益率を、現価係数表に基づき、試行錯誤によって求める

※ 「だいたい」の目安の付け方

① 各年度のＣＦを合計し、プロジェクトの貢献年数で割り、平均値を算定する。
② 投資額を①で算定した平均値で割ることで、年金現価係数を求める。
③ ②の年金現価係数に近い割引率から試していく。

※ 現価係数表に与えられた利益率と内部利益率が一致することはむしろ少なく、むしろ多少ズレるのが通常である。その場合、補間法によって計算する。

〈補間法〉

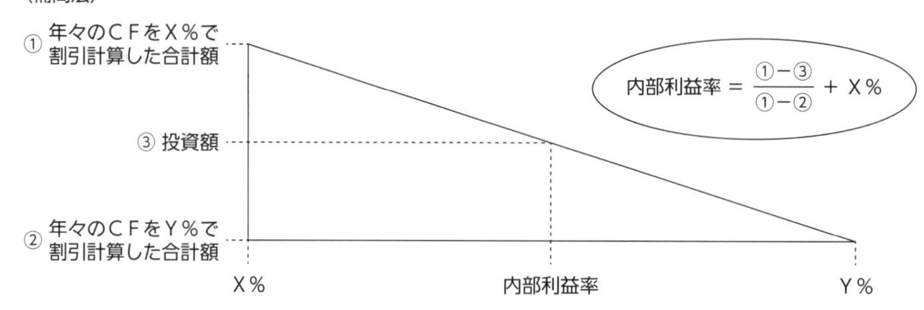

⑶ 判断基準

独立投資案の採否を選択する場合	内部利益率が資本コスト率超であれば採用する。
相互排他的投資案の順位付けを行う場合	内部利益率が大きい方を有利とする。

(4)　長所と短所

長所	・ＣＦによって計算する ・時間価値を考慮している ・比率のため、投資額に対する資金効率が判明する ・相互排他的投資案の順位付けに資本コストが不要
短所	・将来ＣＦの予測に不確実性がある ・比率のため、価値加法性の原理が成立せず、資本予算の編成への役立ちに限界がある ・独立投資案の採否の判断に資本コストが必要 ・相互排他的投資案の正しい順位付けができない可能性がある ・非典型的な現金流出入の投資案では、複数の内部利益率が算定される可能性がある

■ 例題４　内部利益率法

重要度Ａ

以下の資料に基づいて、各設問に答えなさい。なお、当社の資本コスト率は10％とする。ただし、計算上端数が生じる場合には％未満第三位を四捨五入すること。

〔Ａ案〕

新規設備Ａ　10,000千円
耐用年数　４年
残存価額　ゼロ
増分現金流入額　(単位：千円)

１年	２年	３年	４年
3,750	3,750	3,750	3,750

〔Ｂ案〕

新規設備Ｂ　12,000千円
耐用年数　４年
残存価額　ゼロ
増分現金流入額　(単位：千円)

１年	２年	３年	４年
4,100	6,000	4,400	3,000

資本コスト率	１年	２年	３年	４年	年金現価係数
17％	0.855	0.731	0.624	0.534	2.744
18％	0.848	0.718	0.609	0.516	2.691
19％	0.840	0.706	0.593	0.499	2.638
20％	0.833	0.694	0.579	0.482	2.588

問１　Ａ案とＢ案がそれぞれ独立の投資案の時、内部利益率を求め、それぞれを採用するか否かを答えなさい。

問２　Ａ案とＢ案が相互に排他的な投資案の時、内部利益率を求め、その結果によって意思決定を行いなさい。

■ 解答解説

問1

⑴　A案の内部利益率

①　内部利益率の目安をつける：10,000千円÷3,750千円≒2.67

→　毎年のＣＦが同額であるため、目安である18%～19%の間になる

②　18%時の年々のＣＦの現在価値合計：3,750千円×2.691＝10,091.25千円

③　19%時の年々のＣＦの現在価値合計：3,750千円×2.638＝9,892.5千円

④　A案の内部利益率

$$\frac{10{,}091.25\text{千円}-10{,}000\text{千円}}{10{,}091.25\text{千円}-9{,}892.5\text{千円}}+18\% \fallingdotseq 18.46\%$$

∴　内部利益率が10%（資本コスト）を超えるため、A案を採用する。

〈補間法〉

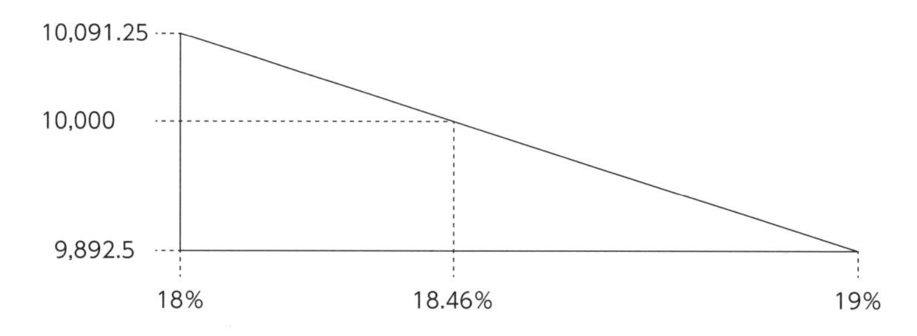

⑵　B案の内部利益率

①　内部利益率の目安をつける

（4,100千円＋6,000千円＋4,400千円＋3,000千円）÷4年＝4,375千円

12,000千円÷4,375千円≒2.743　→　17%辺りが目安となる。

②　17%時の年々のＣＦの現在価値合計

4,100千円×0.855＋6,000千円×0.731＋4,400千円×0.624＋3,000千円×0.534＝12,239.1千円

③　18%時の年々のＣＦの現在価値合計

4,100千円×0.848＋6,000千円×0.718＋4,400千円×0.609＋3,000千円×0.516＝12,012.4千円

④　19%時の年々のＣＦの現在価値合計

4,100千円×0.840＋6,000千円×0.706＋4,400千円×0.593＋3,000千円×0.499＝11,786.2千円

⑤　B案の内部利益率

$$\frac{12{,}012.4\text{千円}-12{,}000\text{千円}}{12{,}012.4\text{千円}-11{,}786.2\text{千円}}+18\% \fallingdotseq 18.05\%$$

∴　内部利益率が10%（資本コスト）を超えるため、B案を採用する。

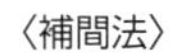

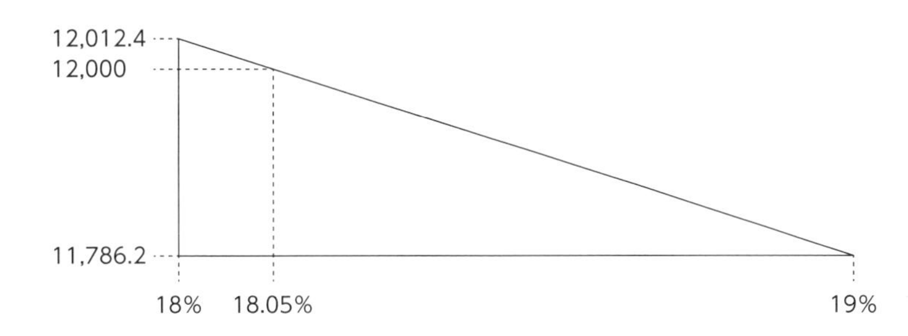

問2

A案の方が、内部利益率が高いため、A案のほうが有利である。

5 回収期間法

(1) 意義

回収期間法とは、当初の投資額を年々の増分現金流入額で回収するのに要する期間を計算し、その回収期間の短いプロジェクトを有利とする評価法である。年々の増分現金流入額の平均値を使用する単純回収期間法と、年々の増分現金流入額を累積して回収期間を算定する累積的回収期間法がある。

(2) 計算式

$$回収期間 = \frac{当初の投資額}{年々の増分現金流入額の平均値}$$

※ 上式は、単純回収期間法の場合である。

(3) 判断基準

独立投資案の採否を選択する場合	回収期間が目標値よりも短ければ採用する。
相互排他的投資案の順位付けを行う場合	回収期間が短い方を有利とする。

(4) 長所と短所

長所	・ＣＦによって計算する ・計算が簡単である ・安全性が判定できる
短所	・貨幣の時間価値を考慮していない ・回収期間後の収益性を考慮していない ・明確な判断基準がない

■例題５　回収期間法

以下の資料に基づいて、各設問に答えなさい。ただし、計算上端数が生じる場合には小数点未満第三位を四捨五入すること。

〔Ａ案〕

新規設備Ａ　10,000千円
耐用年数　４年
残存価額　ゼロ
増分現金流入額　（単位：千円）

１年	２年	３年	４年
3,750	3,750	3,750	3,750

〔Ｂ案〕

新規設備Ｂ　12,000千円
耐用年数　４年
残存価額　ゼロ
増分現金流入額　（単位：千円）

１年	２年	３年	４年
4,100	6,000	4,400	3,000

問１　Ａ案とＢ案を単純回収期間法により評価しなさい。　重要度Ａ

問２　Ａ案とＢ案を累積的回収期間法により評価しなさい。　重要度Ｂ

■ 解答解説

問１

(1)　Ａ案の回収期間

10,000千円÷3,750千円≒2.67年

(2)　Ｂ案の回収期間

①　年々のＣＦの平均値

（4,100千円＋6,000千円＋4,400千円＋3,000千円）÷４年＝4,375千円

②　Ｂ案の回収期間

12,000千円÷4,375千円≒2.74年

問２

(1)　Ａ案の回収期間

10,000千円÷3,750千円≒2.67年

(2)　Ｂ案の回収期間

①　２年間での回収額

4,100千円＋6,000千円＝10,100千円

②　３年間での回収額

10,100千円＋4,400千円＝14,500千円

③　Ｂ案の回収期間

$$\frac{12{,}000\text{千円} - 10{,}100\text{千円}}{14{,}500\text{千円} - 10{,}100\text{千円}} + ２年 ≒ 2.43年$$

6 投下資本利益率法

⑴ 意義

プロジェクトの年数に渡って平均利益と投資額の関係比率を計算し、その比率の大きいプロジェクトを有利とする評価法である。

⑵ 計算式

① 総投下資本利益率法

$$総投下資本利益率 = \frac{年平均利益}{総投資額} \times 100$$

$$年平均利益 = \frac{年々の増分現金流入額の合計 - 設備の要償却額}{耐用年数}$$

② 平均投下資本利益率法

$$平均投下資本利益率 = \frac{年平均利益}{平均投資額} \times 100$$

$$平均投資額 = (投資額 + 残存価額) \div 2$$

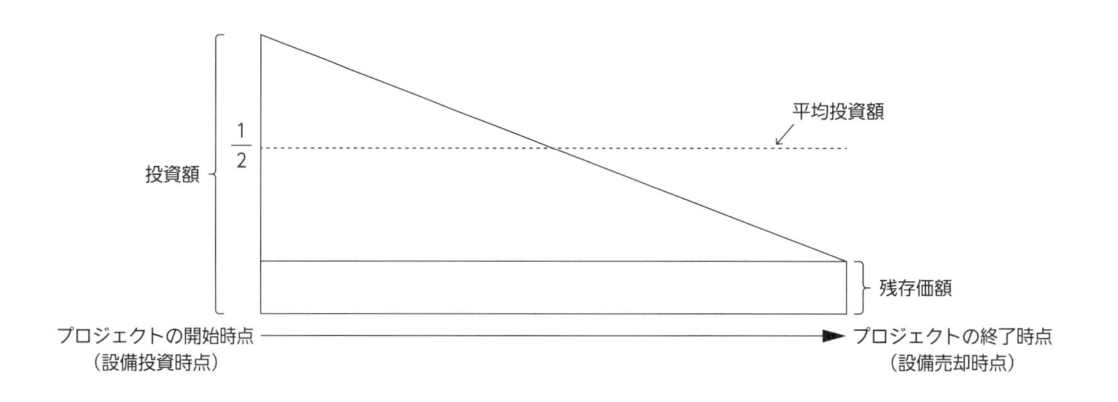

⑶ 判断基準

独立投資案の採否を選択する場合	投下資本利益率が目標値よりも高ければ採用する。
相互排他的投資案の順位付けを行う場合	投下資本利益率が高い方を有利とする。

(4) 長所と短所

長所	・計算が簡単である ・財務会計上の利益と整合性がある
短所	・貨幣の時間価値を考慮していない ・明確な判断基準がない

■ 例題6　投下資本利益率法

重要度A

以下の資料に基づいて、各設問に答えなさい。ただし、計算上端数が生じる場合には%未満第三位を四捨五入すること。

〔A案〕
新規設備A　10,000千円
耐用年数　4年
残存価額　ゼロ
増分現金流入額　（単位：千円）

1年	2年	3年	4年
3,750	3,750	3,750	3,750

〔B案〕
新規設備B　12,000千円
耐用年数　4年
残存価額　ゼロ
増分現金流入額　（単位：千円）

1年	2年	3年	4年
4,100	6,000	4,400	3,000

問1　A案とB案を総投下資本利益率法により評価しなさい。

問2　A案とB案を平均投下資本利益率法により評価しなさい。

■ 解答解説

問1

(1) 年平均利益

A案：(3,750千円＋3,750千円＋3,750千円＋3,750千円－10,000千円）÷4年＝1,250千円

B案：(4,100千円＋6,000千円＋4,400千円＋3,000千円－12,000千円）÷4年＝1,375千円

(2) 総投下資本利益率

A案：1,250千円÷10,000千円＝12.5%

B案：1,375千円÷12,000千円≒11.46%

問2

(1) 平均投資額

A案：(10,000千円＋0千円）÷2＝5,000千円

B案：(12,000千円＋0千円）÷2＝6,000千円

(2) 平均投下資本利益率

A案：1,250千円÷5,000千円＝25%

B案：1,375千円÷6,000千円≒22.92%

第3節　キャッシュ・フローの把握

1　取引とキャッシュ・フロー

正味現在価値法や内部利益率法等によってプロジェクトの評価を行うためには、その前段階として各年度のキャッシュ・フローが把握されている必要がある。

以下は、現金収支を伴うか、損益に影響を与えるか、といった観点から企業の各取引を分類したものである。それぞれの項目ごとにキャッシュ・フローの計算方法が異なるため、企業の**各取引がどの項目に当てはまるのかの判断が重要**である。

項目		具体例	CFの金額		CFに与える影響
			税金を考慮しない場合	税金を考慮する場合	
①	現金収入収益（収入を伴い、収益計上されるもの）	売上	収入額	収入額×（1－税率）	IN
②	現金支出費用（支出を伴い、費用計上されるもの）	変動製造費用 固定製造費用※	支出額	支出額×（1－税率）	OUT
③	現金収入（収入はあるが、収益計上されないもの）	設備売却代金	収入額	収入額	IN
④	現金支出（支出はあるが、費用計上されないもの）	設備購入代金	支出額	支出額	OUT
⑤	非現金収入収益（収入を伴わないが、収益計上されるもの）	設備売却益	—	収益額×税率	OUT
⑥	非現金支出費用（支出を伴わないが、費用計上されるもの）	設備売却損 減価償却費	—	費用額×税率	IN

※　この場合の固定製造費用には、非現金支出費用である減価償却費は含まない。

(1)　税金を考慮しない場合

①　製品を100円で販売した。

(借)	現　金	100円	(貸)	売　上　高	100円

②　製品を製造するために、現金支出費用が100円発生した。

(借)	製　造　費　用	100円	(貸)	現　金	100円

③＋⑤　80円の設備を100円で売却した。

(借)	現　金	100円	(貸)	設　備	80円
				設　備　売　却　益	20円

③＋⑥　120円の設備を100円で売却した。

(借)	現　金	100円	(貸)	設　備	120円
(〃)	設　備　売　却　損	20円			

④　設備を100円で購入した。

(借) 設　備	100円	(貸) 現　金	100円

⑥　減価償却費を100円計上した。

(借) 減価償却費	100円	(貸) 設　備	100円

(2)　税金を考慮する場合

①　製品を100円で販売した。

(借) 現　金	100円	(貸) 売上高	100円
(借) 法人税等	40円	(貸) 現　金	40円

→　結果として、60円のＣＩＦが生じる。

②　製品を製造するために、現金支出費用が100円発生した。

(借) 製造費用	100円	(貸) 現　金	100円
(借) 現　金	40円	(貸) 法人税等	40円

→　結果として、60円のＣＯＦが生じる。

③＋⑤　80円の設備を100円で売却した。

(借) 現　金	100円	(貸) 設　備	80円
		(〃) 設備売却益	20円
(借) 法人税等	8円	(貸) 現　金	8円

→　設備売却益が益金に算入されるため、税金としての現金流出が８円増加する。

③＋⑥　120円の設備を100円で売却した。

(借) 現　金	100円	(貸) 設　備	120円
(〃) 設備売却損	20円		
(借) 現　金	8円	(貸) 法人税等	8円

→　設備売却損が損金に算入されるため、税金としての現金流出が８円減少する。

④　設備を100円で購入した。

(借) 設　備	100円	(貸) 現　金	100円

⑥　減価償却費を100円計上した。

(借) 減価償却費	100円	(貸) 設　備	100円
(借) 現　金	40円	(貸) 法人税等	40円

→　減価償却費が損金に算入されるため、税金としての現金流出が40円減少する。

参考　設備売却損（益）が非現金支出費用（収入収益）と考える理由

帳簿価額120円の設備を100円で売却した場合

(借)	現　金	100円	(貸)	設　備	**100円**
(借)	設備売却損	20円	(貸)	設　備	**20円**

→　設備売却損（益）については、設備を相手勘定とみなし、非現金支出費用（収入収益）として計算する。

2 タックス・シールド

(1) 法人税の影響の重要性

通常、大企業の場合は、課税利益に対して40%を超える高い税率が課せられ、設備投資の経済性計算においては、高額の現金流出額となる。したがって、一見有利であるようなプロジェクトであっても、法人税を考慮するとあまり有利なプロジェクトにはならない場合が生じる。

よって、設備投資の経済性計算においては、**法人税を正確に反映させることが重要**である。

(2) タックス・シールド

タックス・シールドとは、課税利益の計算上、減価償却費等の非現金支出費用の損金算入が認められているために、損金算入が認められていない場合と比較して、**税金としての現金流出が節約**されることである。なお、タックス・シールドを認識するのは、全社利益は赤字にならないことを前提としている。

タックス・シールド ＝ 非現金支出費用 × 法人税率

※ 非現金支出費用のタックス・シールド・・・ＣＩＦとして把握
※ 非現金収入収益のタックス・シールド・・・ＣＯＦとして把握

■ 例題7 タックス・シールド① 重要度A

以下の資料に基づいて、新規設備Ａへの投資に関する各設問に答えなさい。

1．新規設備Ａに関するデータ
(1) 取得原価：6,000千円
(2) 減価償却方法：残存価額600千円、耐用年数３年の定額法
(3) 耐用年数経過後に600千円で売却される。

2．税引前増分現金流入額（設備売却関連収入を除く）（単位：千円）

1年	2年	3年
2,000	3,000	4,000

3．法人税率は40%として計算すること。

問1 当該投資案の各年度のキャッシュ・フローを求めなさい。

問2 仮に、耐用年数経過後の設備売却収入が400千円である場合、３年後のキャッシュ・フローを求めなさい。

問3 仮に、耐用年数経過後の設備売却収入が800千円である場合、３年後のキャッシュ・フローを求めなさい。

問4 仮に、法人税を考慮しない場合、各年度のキャッシュ・フローを求めなさい。

■ 解答解説

問1

	現在時点	1年後	2年後	3年後
				④ 600千円
		③ 720千円	③ 720千円	③ 720千円
		② 1,200千円	② 1,800千円	② 2,400千円
	① 6,000千円			
NCF	−6,000千円	1,920千円	2,520千円	3,720千円

① 設備購入代金（現金支出のみ）

② 毎期のＣＦ：税引前ＣＦ×（１－法人税率）

③ 減価償却費のタックス・シールド

減価償却費：(6,000千円－600千円）÷３年＝1,800千円

タックス・シールド：1,800千円×40％（法人税率）＝720千円

④ 設備売却代金：(現金収入のみ）

問2

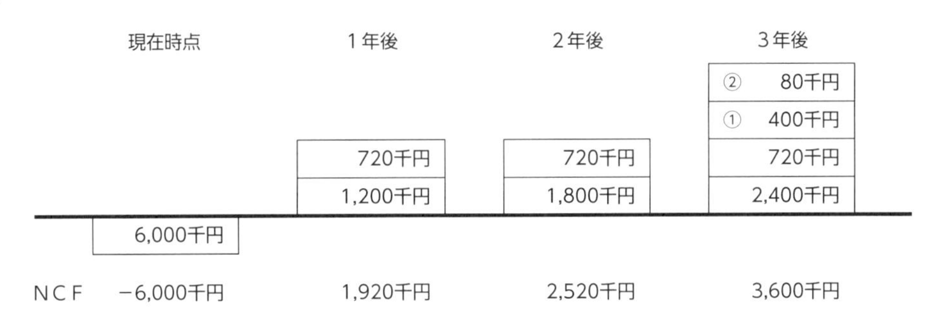

① 設備売却代金

② 設備売却損のタックス・シールド

設備売却損：400千円－600千円＝－200千円（売却損）

タックス・シールド：200千円×40％＝80千円（ＣＩＦ）

問３

	現在時点	１年後	２年後	３年後
				① 800千円
		720千円	720千円	720千円
		1,200千円	1,800千円	2,400千円
	6,000千円			② 80千円
ＮＣＦ	−6,000千円	1,920千円	2,520千円	3,840千円

①　設備売却代金

②　設備売却益のタックス・シールド

設備売却益：800千円－600千円＝200千円（売却益）

タックス・シールド：200千円×40％＝80千円（ＣＯＦ）

問４

①　設備購入代金（現金支出のみ）

②　毎期のＣＦ：税引前ＣＦ

③　設備売却代金：（現金収入のみ）

■ 例題８　タックス・シールド②

重要度A

以下の資料に基づいて、新規設備Ａへの投資プロジェクトに関する各年度のキャッシュ・フローを答えなさい。計算上生じた端数はその都度千円未満を四捨五入すること。

１．新規設備Ａに関するデータ

(1)　取得原価：4,000千円

(2)　減価償却方法：残存価額400千円、耐用年数３年の定率法（償却率0.536）

(3)　耐用年数経過後に400千円で売却される。

２．税引前増分現金流入額（設備売却収入を除く）

１年	２年	３年
2,000	2,500	4,000

３．法人税率は45％として計算すること。

■ 解答解説

	現在時点	1年後	2年後	3年後
				④　400千円
		③　965千円	③　448千円	③　207千円
		②　1,100千円	②　1,375千円	②　2,200千円
	①　4,000千円			
ＮＣＦ	−4,000千円	2,065千円	1,823千円	2,807千円

①　設備購入代金

②　毎期のＣＦ：税引前増分現金流入額×（１－45％）

③　減価償却費のタックス・シールド（単位：千円）

	期首帳簿価額	減価償却費	期末帳簿価額	タックス・シールド
１年度	4,000	2,144	1,856	965
２年度	1,856	995	861	448
３年度	861	461	400	207

④　設備売却代金

3　営業利益とキャッシュ・フロー

毎期のＣＦを税引後営業利益から算定することがある。税引後営業利益をＣＦに修正するためには、**税引後の営業利益に減価償却費の金額を加算**する必要がある。なぜなら、税引後営業利益は、現金支出を伴わない減価償却費まで計算に影響してしまっているからである。また、営業利益に影響しない取引（設備の売却等）があれば、ここから生じるＣＦについても加減する必要があることに留意すること。なお、**毎期のＣＦはまとめて期末に生じるものとする**のが通常である。

＜増分現金流入額から算定する方法＞

毎期のＣＦ＝（現金流入収益 － 現金支出費用）×（１－ 法人税率）＋ 減価償却費のＴ・Ｓ
（＋ 設備売却収入＋ 設備売却損のＴ・Ｓ）

＜会計上の税引後営業利益から算定する方法＞

毎期のＣＦ＝ 税引後営業利益 ＋ 減価償却費（＋ 設備売却収入＋設備売却損のＴ・Ｓ）
＝ 税引後純利益 ＋ 非現金支出費用（＋ 設備売却収入）

				ＣＦへの影響
Ⅰ	売上高	×××	…… 現金収入収益	↑
Ⅱ	売上原価	×××	・現金支出費用 ・減価償却費	↓ 無
Ⅲ	販売費及び一般管理費	×××	…… 現金支出費用	↓
	税引前営業利益	×××		
	法人税等	×××	…… 現金支出	↓
	税引後営業利益	×××	⇦ 減価償却費も控除されている	

〈増分現金流入額から計算する方法〉

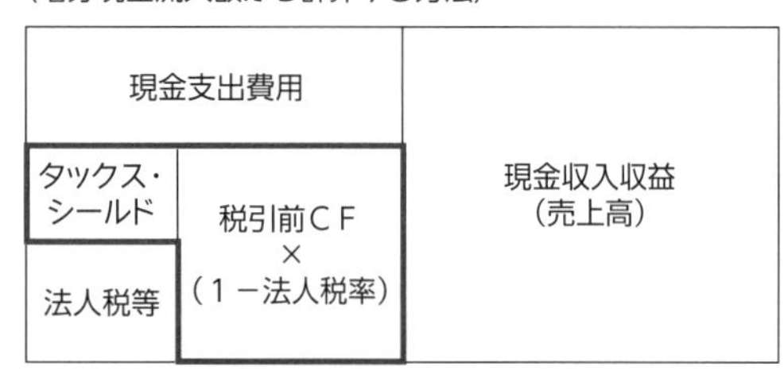

〈税引後営業利益から計算する方法〉

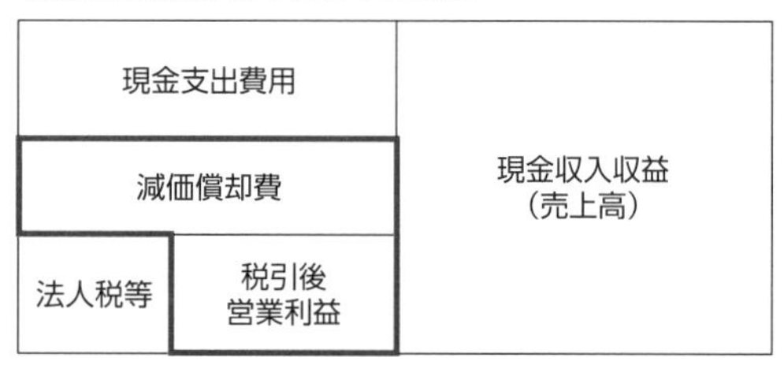

具体例

プロジェクトXに関するデータ

売上収入（現金収入収益）：12,000円　現金支出費用：5,000円　減価償却費：3,000円　税率：40％

＜増分現金流入額から計算する場合＞

（12,000円－5,000円）×（1－40％）＋3,000円×40％＝5,400円

＜税引後営業利益から計算する場合＞

（12,000円－5,000円－3,000円）×（1－40％）＋3,000円＝5,400円

〈増分現金流入額から計算する方法〉

現金支出費用 5,000円
T・S 1,200円
法人税等 1,600円
税引前ＣＦ ×（1－法人税率）4,200円
現金収入収益 12,000円

〈税引後営業利益から計算する方法〉

現金支出費用 5,000円
減価償却費 3,000円
法人税等 1,600円
税引後営業利益 2,400円
現金収入収益 12,000円

■ 例題9　営業利益とキャッシュ・フロー　重要度A

以下の資料に基づいて、機械装置Xへの投資プロジェクトに関する各問に答えなさい。

1．初期投資について

(1)　機械装置Xの取得価額：5,000千円

(2)　減価償却方法：残存価額500千円、耐用年数4年の定額法

(3)　機械装置Xは耐用年数経過後に帳簿価額で売却される。

2．税引前営業利益の見積り額（単位：千円）

1年	2年	3年	4年
2,000	1,800	1,600	1,800

3．法人税率は40%として計算すること。

問1　機械装置Xへの投資プロジェクトの年々のＣＦを答えなさい。

問2　仮に、機械装置Xは耐用年数経過後に700千円で売却される場合、機械装置Xへの投資プロジェクトの4年後のＣＦを答えなさい。

■ 解答解説

問1

	現在時点	1年後	2年後	3年後	4年後
					④ 500千円
		③ 1,125千円	③ 1,125千円	③ 1,125千円	③ 1,125千円
		② 1,200千円	② 1,080千円	② 960千円	② 1,080千円
	① 5,000千円				
NCF	−5,000千円	2,325千円	2,205千円	2,085千円	2,705千円

①　設備購入代金（現金支出のみ）

②　税引後営業利益：税引前営業利益×（1－法人税率）

③　減価償却費：(5,000千円－500千円）÷4年＝1,125千円

④　設備売却代金：(現金収入のみ)

問2

	現在時点	1年後	2年後	3年後	4年後
					① 700千円
		1,125千円	1,125千円	1,125千円	1,125千円
		1,200千円	1,080千円	960千円	1,080千円
	5,000千円				② 80千円
NCF	−5,000千円	2,325千円	2,205千円	2,085千円	2,825千円

① 設備売却代金：(現金収入のみ)

② 設備売却益のタックス・シールド

設備売却益：700千円－500千円＝200千円

タックス・シールド：200千円×40％＝80千円（ＣＯＦ）

4 正味運転資本に対する投資額

(1) 正味運転資本の意義

プロジェクトを実行して、生産・販売量が増加した場合、売上債権や棚卸資産は増加し、仕入債務も増加する。このとき、**棚卸資産・売上債権の増加額から仕入債務の増加額を差し引いた純増加分**が、「正味運転資本への投資額」である。

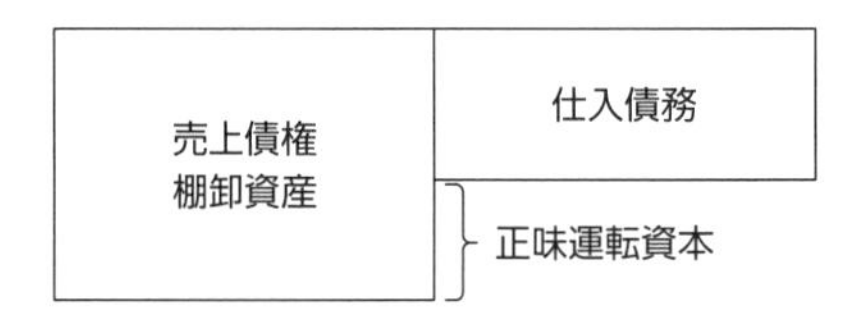

(2) 正味運転資本への投資額の取り扱い

正味運転資本への投資額は、資金が拘束されてしまうことを意味しているため、キャッシュ・フローとして認識しなければならない。なお、損益項目に影響は無いため、**法人税等は考慮しなくてよい**。

売上債権の増加 棚卸資産の増加 (正味運転資本の増加)	その分資金が拘束されていることを意味する	ＯＵＴとして認識
仕入債務の増加 (正味運転資本の減少)	その分資金が緩和されていることを意味する	ＩＮとして認識

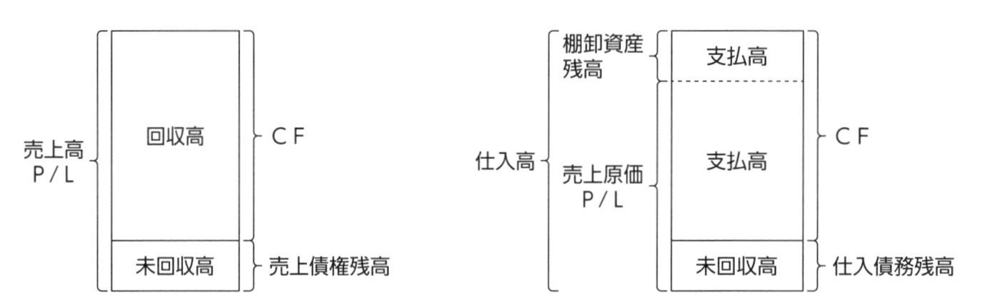

・売上債権残高は未回収分であり、ＣＯＦとして取り扱う

・棚卸資産残高分も含めて仕入を行う必要から、棚卸資産残高はＣＯＦとして取り扱う

・仕入債務残高は未払分であり、ＣＩＦとして取り扱う

(3) キャッシュ・フローの認識時点

運転資本への投資は、操業を開始するための投資と考え、**各年度の業務活動を開始する際の投資額として把握することが多いが**、問題上は指示があるためそれに従うこと。なお、**各年度の投資額は翌期に回収されるため**、純増減額を計上すればよい。

■ 例題10　正味運転資本とキャッシュ・フロー　重要度B

以下の資料に基づいて、各問に答えなさい。

1．製品Aプロジェクトについて

(1)　販売価格：@500円/個

(2)　販売予測（単位：個）

1年	2年	3年
200	200	200

2．製品Bプロジェクトについて

(1)　販売価格：@400円/個

(2)　販売予測（単位：個）

1年	2年	3年
200	250	220

3．その他

正味運転資本への投資は、操業を開始するための投資と考え、毎年、翌年度の予想売上高を基準にして現在時点から、毎年度末のキャッシュ・フローに加えるものとする。その比率は、売掛金6％、棚卸資産3％、買掛金4％である。

問1　製品Aプロジェクトに関して、正味運転資本への投資額に関する年々のキャッシュ・フローを求めなさい。

問2　製品Bプロジェクトに関して、正味運転資本への投資額に関する年々のキャッシュ・フローを求めなさい。

■ 解答解説

問1

	現在時点	1年後	2年後	3年後
流入		① 5,000円	② 5,000円	③ 5,000円
流出	① 5,000円	② 5,000円	③ 5,000円	
NCF	−5,000円	0円	0円	5,000円

①　@500円/個×200個×（売掛金6％＋棚卸資産3％－買掛金4％）＝5,000円

②　@500円/個×200個×（売掛金6％＋棚卸資産3％－買掛金4％）＝5,000円

③　@500円/個×200個×（売掛金6％＋棚卸資産3％－買掛金4％）＝5,000円

重要ポイント！！！

売上が毎期同額の場合、正味運転資本への投資額が毎期同額となり、回収額と相殺されるため、プロジェクト開始時とプロジェクト終了時にのみCFを認識する。

問2

	現在時点	1年後	2年後	3年後
		① 4,000円	② 5,000円	③ 4,400円
	① 4,000円	② 5,000円	③ 4,400円	
NCF	−4,000円	−1,000円	600円	4,400円

① ＠400円／個×200個×（売掛金6％＋棚卸資産3％－買掛金4％）＝4,000円

② ＠400円／個×250個×（売掛金6％＋棚卸資産3％－買掛金4％）＝5,000円

③ ＠400円／個×220個×（売掛金6％＋棚卸資産3％－買掛金4％）＝4,400円

重要ポイント！！！

売上が毎期同額でない場合、正味運転資本への投資額が毎期異なるため、正味運転資本への投資額の純増減額について、毎期ＣＦを認識する。

※　正味運転資本の純増・・・ＣＯＦとして認識

※　正味運転資本の純減・・・ＣＩＦとして認識

第４節　取替投資

1　取替投資の意義

取替投資とは、現有設備から他の生産設備へ取り替えることで、原価の節約を通じて利益額を増加させようとする意思決定である。最終的に、原価が節約できるのであれば、取替投資を実行することになる。

2　キャッシュ・フローの把握

取替投資では、現状維持案と取替投資案が存在する。**現状維持案は旧設備使用案**であり、また、**取替投資案は、旧設備売却案と新設備購入案を組み合わせたもの**である。そのため、これらを区別して考えると良い。

なお、キャッシュ・フローの把握方法には、**総額法と差額法**の２通りのアプローチがあるが、最終的な計算結果は一致する。

(1)　各案から生じるキャッシュ・フロー

＜旧設備使用案から生じるキャッシュ・フロー＞・・・現状維持案として計算

旧設備使用案からは、旧設備を使い続けることによるＣＦと、投資終了時点において旧設備を売却することによるＣＦが生じる。

〈旧設備使用案のキャッシュ・フロー〉

※　旧設備を使うことによるＣＦには旧設備減価償却費のタックス・シールドも含まれている。

現在時点	1年後	2年後	3年後
			旧設備売却損のタックス・シールド
			旧設備売却代金
	旧設備を使うことによるＣＦ	旧設備を使うことによるＣＦ	旧設備を使うことによるＣＦ

＜旧設備売却案から生じるキャッシュ・フロー＞・・・現状維持案 or 取替投資案

旧設備売却案からは、現在時点において旧設備を売却することによるＣＦが生じる。

※　旧設備売却損のタックスシールドを期首か期末のCFに含めるかは問題文の指示による。ここでは、期末に含む。

現在時点	1年後	2年後	3年後
旧設備売却代金	旧設備売却損のタックス・シールド		

＜新設備購入案から生じるキャッシュ・フロー＞・・・取替投資案

新設備購入案からは、現在時点において新設備を購入することによるＣＦと、新設備を使うことによるＣＦ、及び投資終了時点において新設備を売却することによるＣＦが生じる。

〈新設備購入案のキャッシュ・フロー〉

※　新設備を使うことによるＣＦには新設備減価償却費のタックス・シールドも含まれている。

現在時点	１年後	２年後	３年後
			新設備売却損のタックス・シールド
			新設備売却代金
新設備購入代金	新設備を使うことによるＣＦ	新設備を使うことによるＣＦ	新設備を使うことによるＣＦ

(2)　総額法によって計算する場合

総額法とは、現状維持案と取替投資案のそれぞれのキャッシュ・フローを把握して、有利な方を選択する方法である。この場合、旧設備売却案から生じるキャッシュ・フローを現状維持案と取替投資案のどちらに反映させるかによって、２通りの計算方法がある。

①　旧設備売却案から生じるキャッシュ・フローを、取替投資案に反映する方法

＜新設備購入案ＣＦ＞と＜旧設備売却案ＣＦ＞の合計を取替投資案ＣＦとし、＜旧設備使用案ＣＦ＞をそのまま現状維持案ＣＦとする方法である。

〈取替投資案のキャッシュ・フロー〉

現在時点	１年後	２年後	３年後
			新設備売却損のタックス・シールド
旧設備売却代金	旧設備売却損のタックス・シールド		新設備売却代金
新設備購入代金	新設備を使うことによるＣＦ	新設備を使うことによるＣＦ	新設備を使うことによるＣＦ

〈現状維持案のキャッシュ・フロー〉… 旧設備使用案ＣＦ

※　旧設備を使うことによるＣＦには旧設備減価償却費のタックス・シールドも含まれている。

現在時点	１年後	２年後	３年後
			旧設備売却損のタックス・シールド
			旧設備売却代金
	旧設備を使うことによるＣＦ	旧設備を使うことによるＣＦ	旧設備を使うことによるＣＦ

② 旧設備売却案から生じるキャッシュ・フローを、現状維持案から控除する方法

＜新設備購入案ＣＦ＞をそのまま取替投資案ＣＦとし、＜旧設備売却案ＣＦ＞を機会原価（ＣＯＦ）として＜旧設備使用案ＣＦ＞から控除することで、現状維持案ＣＦとする方法である。

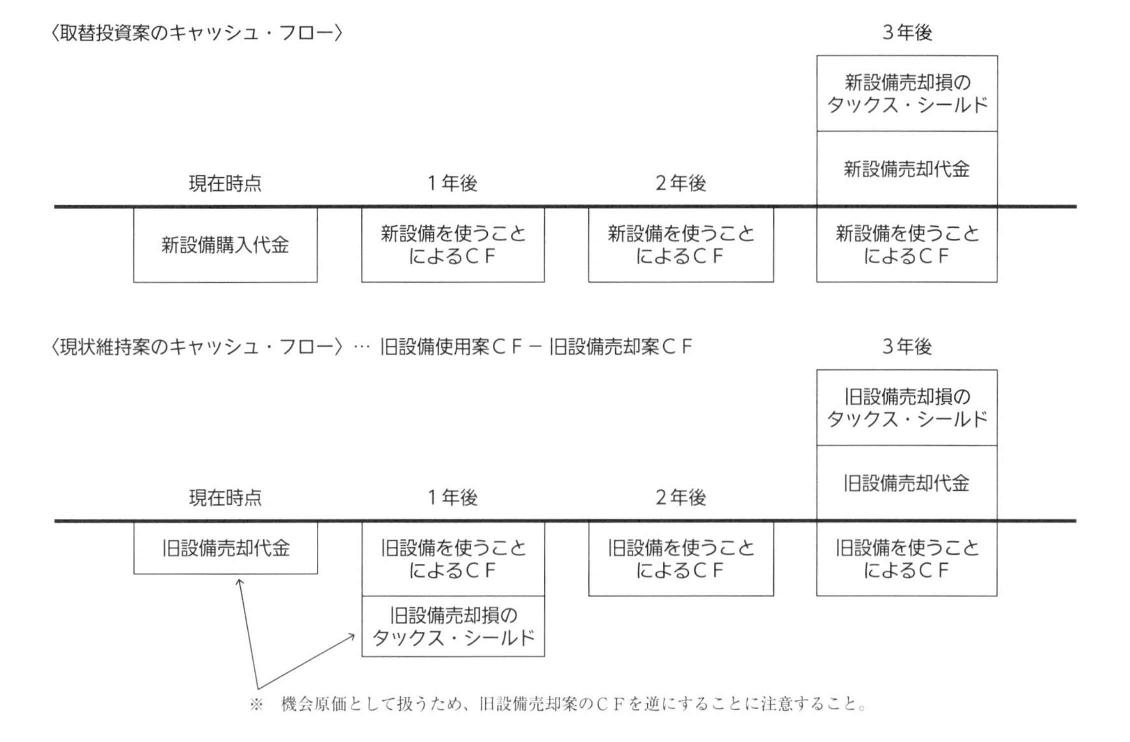

(3) 差額法によって計算する場合

差額法とは、現状維持案と取替投資案それぞれのキャッシュ・フローの異なる部分（**差額キャッシュ・フロー**）**のみを計算**して、取替投資案の採否を決定する方法である。

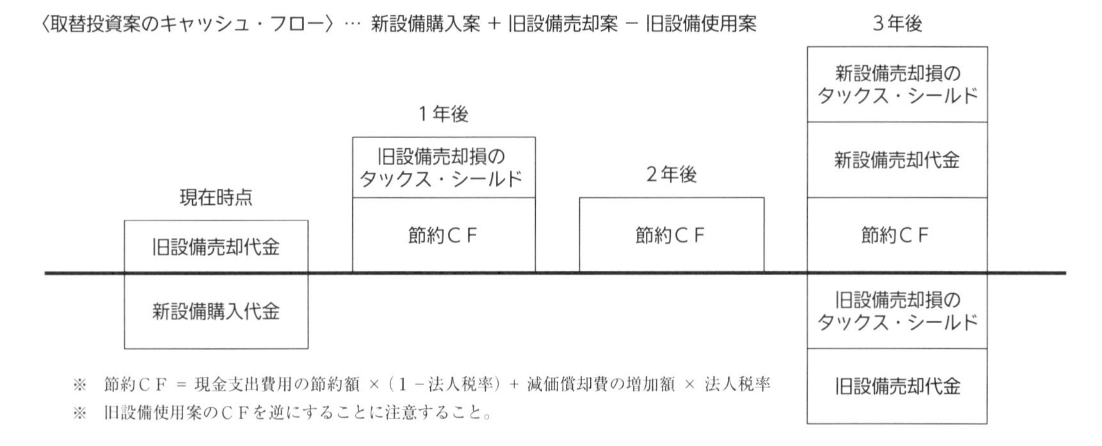

第19章 意思決定会計Ⅱ（戦略的意思決定）

3 売却時点とタックス・シールドの発生時点

取替投資においては、現在時点で旧設備を売却することになるが、「**現在が期末（第０年度末）なのか期首（第１年度期首）なのか**」によって売却損益の帰属年度が異なる。この売却損益に対して課税される法人税は、損益が発生した期のキャッシュ・フローとして認識するため、**タックス・シールドの発生時点も**「現在が期末（第０年度末）なのか期首（第１年度期首）なのか」によって**異なる**と考えられる。

なお、設備売却収入は必ず現在時点のキャッシュ・フローとする点に注意すること。

⑴ 現在が期末（第０年度末）である場合

現在が**期末**である場合、売却損益は第０年度に帰属する。そのため、**タックス・シールドも第０年度末に発生する**ものとして計算する。

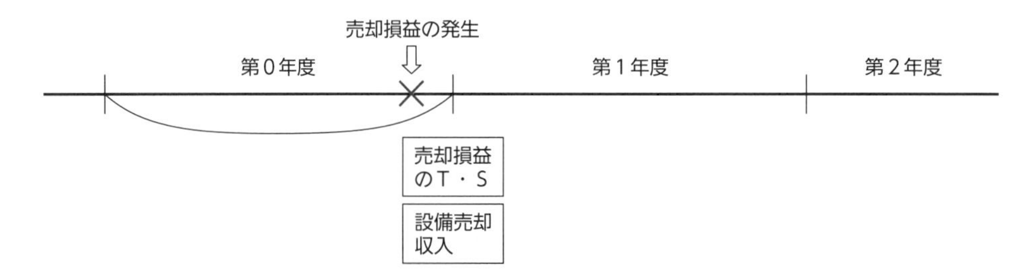

⑵ 現在が期首（第１年度期首）である場合

現在が**期首**である場合、売却損益は第１年度に帰属する。そのため、**タックス・シールドも第１年度末に発生する**ものとして計算する。

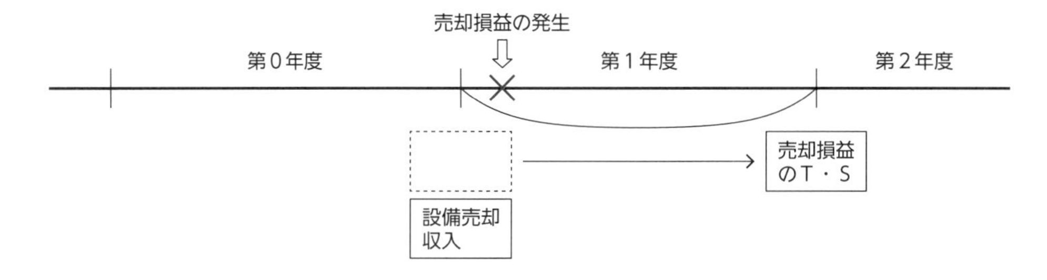

⑶ 判断基準

上記⑴⑵と説明してきたが、これに限らず、問題文に明確な指示があればそちらを優先すること。また、明確な指示も無く、さらに現在時点が期末か期首かの指示も無い場合には、タックス・シールドは現在時点で生じるものとして計算する。

＜まとめ＞

① 問題文に明確な指示がある場合	現在時点が期末か期首かに関係なく指示に従って計算する
② 問題文に明確な指示がない場合	現在時点が期末か期首かで判断する
③ 期首か期末かの指示もない場合	現在時点でタックス・シールドを認識する

■ 例題11　取替投資①　　重要度A

当社では当期首現在、現有設備から新設備への取替投資を検討している。以下の資料に基づき、各問に答えなさい。

1．現有設備について

現有設備は２年前に500,000円で取得したものであり、現在既に２年間使用している。減価償却方法は、残存価額10％耐用年数４年の定額法を採用している。当該設備を使用する結果、毎期の現金支出費用は税引前で200,000円発生する。なお、当該設備の現在時点での売却価値は250,000円、耐用年数経過時の売却価値は20,000円と見積もられた。

2．新設備について

新設備を購入する場合、取得原価は300,000円である。減価償却方法は、残存価額10％耐用年数２年の定額法を採用する。当該設備を使用する結果、毎期の現金支出費用は税引前で150,000円となる。新設備の耐用年数経過時の売却価値は50,000円と見積もられた。

3．その他

(1)　現有設備を現在時点で売却する場合には売却損が発生する。当該売却損に関するタックス・シールドは１年後に生じるものとする。

(2)　法人税率は40％とする。

(3)　当社の資本コストは８％であり、現価係数は〔１年後：0.93、２年後：0.86〕とする。

問1　現有設備の現在時点での売却に関するキャッシュ・フローを取替投資案に含める場合、取替投資案と現状維持案の各年のキャッシュ・フローを答えなさい。また、正味現在価値法により意思決定を行いなさい。

問2　現有設備の現在時点での売却に関するキャッシュ・フローを現状維持案に含める場合、取替投資案と現状維持案の各年のキャッシュ・フローを答えなさい。また、正味現在価値法により意思決定を行いなさい。

問3　取替投資案の差額キャッシュ・フローを求めなさい。また、正味現在価値法により意思決定を行いなさい。

■ 解答解説

問1

＜旧設備使用案のＣＦ＞

① 税引後現金支出費用：200,000円×（１－40％）＝120,000円

② 旧設備減価償却費のタックス・シールド

減価償却費：500,000円×90％÷４年＝112,500円

タックス・シールド：112,500円×40％＝45,000円

③ 旧設備売却代金

④ 旧設備売却損のタックス・シールド

旧設備売却損：500,000円×10％－20,000円＝30,000円

タックス・シールド：30,000円×40％＝12,000円（ＣＩＦ）

＜旧設備売却案のＣＦ＞

① 旧設備売却代金

② 旧設備売却損のタックス・シールド（指示に従って、１年後のＣＦとして計算する）

旧設備の帳簿価額：500,000円－500,000円×90％÷４年×２年＝275,000円

旧設備売却損：275,000－250,000円＝25,000円

タックス・シールド：25,000円×40％＝10,000円（ＣＩＦ）

＜新設備使用案のＣＦ＞

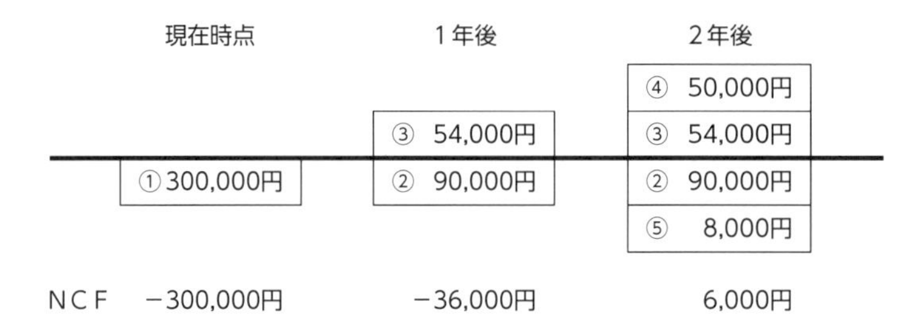

① 新設備購入代金

② 税引後現金支出費用：150,000円×（１－40％）＝90,000円

③　新設備減価償却費のタックス・シールド
　減価償却費：300,000円×90％÷２年＝135,000円
　タックス・シールド：135,000円×40％＝54,000円
④　新設備売却代金
⑤　新設備売却益のタックス・シールド
　新設備売却益：50,000円－300,000円×10％＝20,000円
　タックス・シールド：20,000円×40％＝8,000円（ＣＯＦ）

(1)　取替投資案

	現在時点	１年後	２年後
新設備使用案ＮＣＦ	－300,000円	－36,000円	6,000円
旧設備売却案ＮＣＦ	250,000円	10,000円	—
ＮＣＦ	－50,000円	－26,000円	6,000円
ＰＶ	－50,000円	－24,180円	5,160円

正味現在価値：5,160円－24,180円－50,000円＝－69,020円

(2)　現状維持案

	現在時点	１年後	２年後
ＮＣＦ	—	－75,000円	－43,000円
ＰＶ	—	－69,750円	－36,980円

正味現在価値：－36,980円－69,750円＝－106,730円

(3)　意思決定
取替投資案－現状維持案＝37,710円　　よって、37,710円有利なため、取替投資を行う

問２

(1)　取替投資案

	現在時点	１年後	２年後
ＮＣＦ	－300,000円	－36,000円	6,000円
ＰＶ	－300,000円	－33,480円	5,160円

正味現在価値：5,160円－33,480円－300,000円＝－328,320円

(2)　現状維持案

	現在時点	１年後	２年後
旧設備使用案ＮＣＦ		－75,000円	－43,000円
旧設備売却案ＮＣＦ	－250,000円	－10,000円	
ＮＣＦ	－250,000円	－85,000円	－43,000円
ＰＶ	－250,000円	－79,050円	－36,980円

※　旧設備売却案を機会原価として扱うため、ＣＦを逆に捉える

正味現在価値：－36,980円－79,050円－250,000円＝－366,030円

(3)　意思決定
取替投資案－現状維持案＝37,710円　　よって、37,710円有利なため、取替投資を行う

問3

(1) 取替投資案の差額キャッシュ・フロー

	現在時点	1年後	2年後
(CIF)		③ 10,000円	⑤ 50,000円
(CIF)	② 250,000円	④ 39,000円	④ 39,000円
(COF)	① 300,000円		⑥ 8,000円
(COF)			⑦ 20,000円
(COF)			⑧ 12,000円
NCF	−50,000円	49,000円	49,000円
PV	−50,000円	45,570円	42,140円

※ 新設備購入案＋旧設備売却案－旧設備使用案と考え、差額ＣＦを算定する

① 新設備購入代金

② 旧設備売却代金

③ 旧設備売却損のタックス・シールド

旧設備の帳簿価額：500,000円－500,000円×90％÷４年×２年＝275,000円

旧設備売却損：275,000円－250,000円＝25,000円

タックス・シールド：25,000円×40％＝10,000円（ＣＩＦ）

④ 節約キャッシュ・フロー（純額で計算する場合）

税引前現金支出費用の減少額：200,000円－150,000円＝50,000円

減価償却費の増加額：300,000円×90％÷２年－500,000円×90％÷４年＝22,500円

差額キャッシュ・フロー：50,000円×（１－40％）＋22,500円×40％＝39,000円

※ 総額で計算する場合

	1年後
新設備の減価償却費のＴ・Ｓ	54,000円
旧設備の税引後現金支出費用	120,000円
新設備の税引後現金支出費用	90,000円
旧設備の減価償却費のＴ・Ｓ	45,000円
ＮＣＦ	39,000円

⑤ 新設備売却代金

⑥ 新設備売却益のタックス・シールド

新設備売却益：50,000円－300,000円×10％＝20,000円

タックス・シールド：20,000円×40％＝8,000円（ＣＯＦ）

⑦ 旧設備売却代金

⑧ 旧設備売却損のタックス・シールド

旧設備売却損：500,000円×10％－20,000円＝30,000円

タックス・シールド：30,000円×40％＝12,000円（ＣＯＦ）

(2)　意思決定

正味現在価値：42,140円＋45,570円－50,000円＝37,710円

よって、37,710円有利なため、取替投資を行う

重要ポイント！！！
総額法と差額法のどちらを用いたとしても、計算結果はまったく同様である。

4　生産能力が拡張する場合

生産設備の取替によって生産効率が向上し、生産能力が拡大することがある。この場合には、生産能力の拡大によって販売数量が増加するため、**販売数量の増加に伴うキャッシュ・フローを計算に含めなければならない。**

販売数量の増加に伴うＣＦ＝（売上収入の増加額－現金支出費用の増加額）×（１－法人税率）

■ 例題12　取替投資②　重要度Ｂ

当社では当期末現在、現有設備から新設備への取替投資を検討している。以下の資料に基づき、取替投資案の差額キャッシュ・フローを求め、正味現在価値法により意思決定を行いなさい。

1．現有設備について

現有設備は２年前に600,000円で取得したものであり、現在既に２年間使用している。減価償却方法は、残存価額10%耐用年数４年の定額法を採用している。当該設備を使用する場合、年間の生産能力は5,000個である。なお、当該設備の現在時点での売却価値は300,000円であり、耐用年数経過時は帳簿価額で売却できると見積もられた。

2．新設備について

新設備を購入する場合、取得原価は400,000円である。減価償却方法は、残存価額10%耐用年数２年の定額法を採用する。当該設備を使用する場合、年間の生産能力は7,000個であるが、設備のメンテナンス費用が150,000円/年発生する。新設備は耐用年数経過時に帳簿価額で売却できると見積もられた。

3．当社製品について

(1)　当社製品の単位当たり販売価格は@500円/個である。

(2)　当社製品の単位当たり変動製造原価は、どちらの設備を使用しても@200円/個である。

(3)　生産能力を吸収するだけの十分な需要があるものとする。

4．その他

(1)　法人税率は40%とする。

(2)　当社の資本コストは10%であり、現価係数は〔１年後：0.91、２年後：0.83〕とする。

■ 解答解説

(1) 差額キャッシュ・フローの把握

	現在時点	1年後	2年後
	③ 12,000円		⑤ 40,000円
	② 300,000円	④ 288,000円	④ 288,000円
	① 400,000円		⑥ 60,000円
NCF	−88,000円	288,000円	268,000円
PV	−88,000円	262,080円	222,440円

① 新設備購入代金

② 旧設備売却代金

③ 旧設備売却損のタックス・シールド（期末に売却損が発生しており、現在時点のＣＦとして計算する）

旧設備の現在時点での帳簿価額：600,000円－600,000円×90％÷４年×２年＝330,000円

旧設備の現在時点での売却損：330,000円－300,000円＝30,000円

タックス・シールド：30,000円×40％＝12,000円

④ 年々のＣＦの増加額

税引後限界利益の増加額（販売数量が2,000個増加したことによるＣＩＦ）

（@500円/個－@200円/個）×（7,000個－5,000個）×（１－40％）＝360,000円

減価償却費のタックス・シールドの増加額

（400,000円×90％÷２年－600,000円×90％÷４年）×40％＝18,000円

税引後メンテナンス費用の増加額：150,000円×（１－40％）＝90,000円

年々のＣＦの増加額：360,000円＋18,000円－90,000円＝288,000円

⑤ 新設備の耐用年数到来時の売却代金

⑥ 旧設備の耐用年数到来時の売却代金（機会原価）

(2) 意思決定

正味現在価値＝222,440円＋262,080円－88,000円＝396,520円

よって396,520円有利なため取替投資を行う。

第５節　耐用年数

1　意思決定上の耐用年数と法定耐用年数

意思決定に際しては、耐用年数として、当該プロジェクトの耐用年数、あるいは製品のライフサイクルなどを使用する。しかし、**減価償却費のタックス・シールド**（及び売却損益のタックス・シールド）を計算する際には、税法上損金算入される減価償却費を算定する必要から、**法定耐用年数で計算する**ことになる。

ただし、特に指示の無い限り、意思決定上の耐用年数と法定耐用年数は等しいものとすること。

■ 例題13　経済的耐用年数と法定耐用年数　　重要度A

当社では当期末現在、新規に設備Ｘへの投資を検討している。以下の資料に基づき、各年度のキャッシュ・フローを求め、正味現在価値法により意思決定を行いなさい。

1．設備Ｘについて

設備Ｘへの投資額は4,000万円、経済的耐用年数は２年であり、残存価額ゼロの定額法によって減価償却を行う。耐用年数経過後は除却処分される。

2．売上高、現金支出費用について

当該投資によって、毎期売上高が4,000万円、現金支出費用が1,000万円発生する見込みである。

3．その他

(1)　法人税の実効税率は40％とする。なお、当該設備の法定耐用年数は４年である。

(2)　当社の資本コストは10％であり、現価係数は〔１年後：0.91、２年後：0.83〕とする。

■ 解答解説

(1)　キャッシュ・フローの把握

	現在時点	１年後	２年後
			④ 800万円
		③ 400万円	③ 400万円
		② 1,800万円	② 1,800万円
	① 4,000万円		
ＮＣＦ	−4,000万円	2,200万円	3,000万円
ＰＶ	−4,000万円	2,002万円	2,490万円

①　新設備購入代金

②　税引後現金収入収益－税引後現金支出費用：(4,000万円－1,000万円）×（１－40％）＝1,800万円

③　減価償却費のタックス・シールド：4,000万円÷４年（法定耐用年数）×40％＝400万円（ＣＩＦ）

④　除却損のタックス・シールド

除却損：4,000万円－4,000万円÷４年（法定耐用年数）×２年（経済的耐用年数）＝2,000万円

タックス・シールド：2,000万円×40％＝800万円（ＣＩＦ）

(2) 意思決定

正味現在価値2,490万円＋2,002万円－4,000万円＝492万円

よって、492万円有利なため当該投資を採用する。

2 耐用年数が異なる相互排他的投資案の比較

耐用年数が異なる相互排他的な投資案の比較は様々な方法が考えられる。ここでは、反復投資を仮定して、各投資案の最小公倍数の期間までで比較する方法を説明する。

反復投資すると仮定して、各投資案の最小公倍数の期間まで比較する方法

各投資案の耐用年数の最小公倍数の期間まで反復投資を行うと仮定して、正味現在価値を算定し、意思決定を行う方法である。

A案 ⇨ 耐用年数３年
B案 ⇨ 耐用年数２年
→ 最小公倍数６年

■ 例題14　耐用年数が異なる相互排他的投資案　重要度Ａ

当社では当期末現在、相互に排他的であるＡ案もしくはＢ案への投資を検討している。以下の資料に基づき、最小公倍数の期間まで反復投資を仮定して、正味現在価値法により意思決定を行いなさい。ただし、計算上端数が生じた場合には、解答に際して千円未満を四捨五入すること。

1．Ａ案及びＢ案の投資額はともに100,000千円である。耐用年数経過後は除却処分される。

2．税引後正味現金流入額（単位：千円）

	１年	２年	３年
Ａ案	72,000	72,000	
Ｂ案	50,000	50,000	70,000

3．耐用年数はＡ案が２年、Ｂ案が３年である。

4．税引後資本コスト率は15％であり、そのもとでの現価係数、年金現価係数は以下のとおりである。

	１年	２年	３年	４年	５年	６年
現価係数	0.8696	0.7561	0.6575	0.5718	0.4972	0.4323
年金現価係数	0.8696	1.6257	2.2832	2.8550	3.3522	3.7845

■ 解答解説

⑴　Ａ案のＣＦ（単位：千円）

	現在時点	１年後	２年後	３年後	４年後	５年後	６年後
流入		72,000	72,000	72,000	72,000	72,000	72,000
流出	100,000		100,000		100,000		

⑵　Ａ案の正味現在価値

72,000千円×3.7845－100,000千円×0.5718－100,000千円×0.7561－100,000千円＝39,694千円

⑶　Ｂ案のＣＦ（単位：千円）

	現在時点	１年後	２年後	３年後	４年後	５年後	６年後
流入		50,000	50,000	70,000	50,000	50,000	70,000
流出	100,000			100,000			

⑷　Ｂ案の正味現在価値

70,000千円×（0.4323＋0.6575）＋50,000千円×（0.4972＋0.5718＋0.7561＋0.8696）

－100,000千円×（0.6575＋1.0000）＝45,271千円

⑸　意思決定

Ｂ案－Ａ案＝5,577千円　　よって、5,577千円有利なため、Ｂ案を採用する。

第6節　リースか購入かの意思決定

1　リースか購入かの意思決定

リースか購入かの意思決定とは、新規に設備を導入する場合に、借入を行いこれを購入することで導入するか、それともリース契約によってこれを導入するかを決定することである。

■ 例題15　リースか購入かの意思決定　重要度B

当社は取得原価4,000万円、法定耐用年数５年の設備を導入することに決め、当期末現在、この設備をリースによるか、あるいは借入れを行って購入するかを検討中である。以下の資料に基づき、正味現在価値法によってリースか購入かの意思決定を行いなさい。

1．リースの場合、年間のリース料は1,200万円であり、第１年度から第５年度まで同額ずつ各年度末に支払う。第５年度末にこの設備はリース会社に返却する。
2．購入の場合には、第１年度の初めに4,000万円を借入れ、その資金で設備を購入する。元金は各年度末に、800万円ずつ５回の均等払いで返済し、各年度初めの元金未返済額について14%の利子を各年度末に支払う。減価償却は残存価額10%の定額法による。設備は第５年度末に400万円で処分できる。
3．当社の法人税等の課税率は40%である。
4．計算上生じる端数は、各年度のキャッシュ・フローを万円未満四捨五入する。
5．税引後資本コスト率は18%であり、そのもとでの現価係数等は以下のとおりである。

	1年	2年	3年	4年	5年
現価係数	0.85	0.72	0.61	0.52	0.44
年金現価係数	0.85	1.57	2.18	2.70	3.14

■ 解答解説

(1)　リース案の毎期のＣＦ

税引後リース料：－1,200万円×（1－40%）＝－720万円

(2)　リース案の正味現在価値

－720万円×3.14＝－2,260.8万円

(3)　購入案のＣＦ（単位：万円）

	現在時点	1年後	2年後	3年後	4年後	5年後
売却代金						400
減価償却費のＴＳ		288	288	288	288	288
元金返済額		800	800	800	800	800
税引後利息支払額		336	268.8	201.6	134.4	67.2
ＮＣＦ		−848	−781	−714	−646	−179
ＰＶ		−720.8	−562.32	−435.54	−335.92	−78.76

税引後利息支払額

1年度：4,000万円×14％×（1－40％）＝336万円

2年度：3,200万円×14％×（1－40％）＝268.8万円

3年度：2,400万円×14％×（1－40％）＝201.6万円

4年度：1,600万円×14％×（1－40％）＝134.4万円

5年度：　800万円×14％×（1－40％）＝67.2万円

⑷　購入案の正味現在価値

－78.76万円－335.92万円－435.54万円－562.32万円－720.8万円＝－2,133.34万円

⑸　意思決定

購入案－リース案＝127.46万円　　よって、127.46万円有利なため購入案を採用する。

第20章

戦略的原価計算

第1節　原価管理（コスト・マネジメント）

1　標準原価管理の役割低下

(1)　標準原価管理の前提条件

従来、標準原価計算は原価管理に最も有効な原価計算手法と考えられてきた。それは、**直接工の作業能率を向上**させることに**原価管理の主眼**が置かれていたためである。

標準原価計算により原価管理機能が有効であるためには、一般に以下の２つの前提条件が必要である。

①	安定した生産条件（標準の設定が可能であること）
②	直接工の作業が中心であること（原価管理の対象が存在すること）

(2)　標準原価管理の役割低下

上記、前提条件について、従来と現在を比較すると以下のようになる。

	従来	現在
安定した生産条件	生活水準が低い →　顧客のニーズは比較的均質 →　少品種大量生産	生活水準が高い →　顧客のニーズが多様化 →　多品種少量生産
	技術革新が遅い →　製品ライフサイクルは長い	技術革新が速い →　製品ライフサイクルは短い
直接工の作業が中心	情報技術のレベルが低い →　直接工の作業が中心	情報技術のレベルが高い →　ＦＡ化、ＣＩＭ化

以上により、かつては原価管理の中心であった**標準原価管理**は、原価管理機能の中での**原価維持という一つのプロセス**にすぎなくなった。ただし、**財務諸表作成**や**計算記帳の簡略化・迅速化**等他の目的には今日においても役立ちうる。

(3)　源流管理の必要性

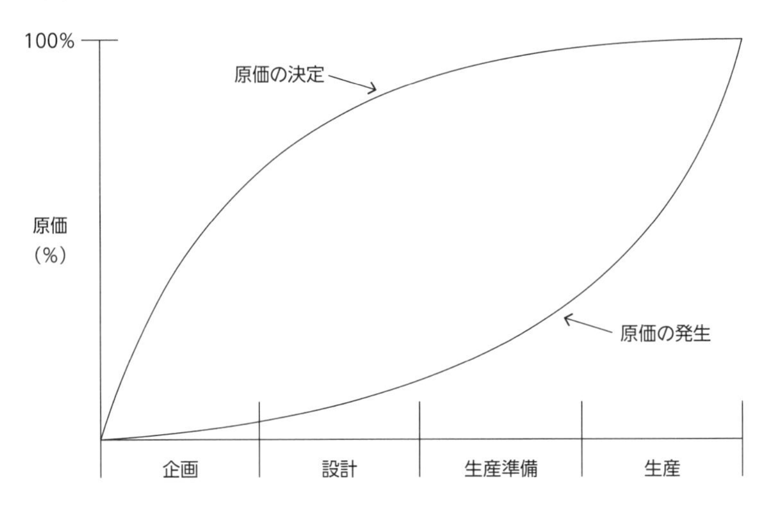

上図に示すように、**原価の大部分は量産段階で発生**するが、**その発生額の大半は製品の計画段階で決定**するため、量産段階における原価低減の余地はほとんどないといえる。特に、ＦＡ化やＣＩＭ化が進展した企業においてはその傾向は顕著に現れる。よって、原価低減を効果的に行うためには、生産の上流段階に視点を移し、**源流管理を行う必要**が生じたのである。

2　原価企画の意義・目的

原価企画（target costing）とは、企画・設計段階を中心に、技術、生産、販売、購買、経理などによる企業の関係諸部門の総意を結集して原価を作り込むことにより、**総合的な原価低減**と**戦略的な利益管理**を意図した手法のことをいう。

(1)　総合的な原価低減

原価企画では企画・設計段階において原価低減活動が行われる。それは**単純に原価を引き下げさえすれば良いというものではなく、**「マーケット・イン（市場・顧客志向）」「高品質の維持」「開発リードタイムの短縮」といった**各要素を勘案して行われる原価の作り込み**である。

要素	内容
マーケット・イン （市場・顧客志向）	顧客ニーズに適合した製品開発
高品質の維持	低価格でも高品質な製品
開発リードタイムの短縮	タイムリーな市場への投入

(2)　戦略的な利益管理手段

原価企画の最大の目的は、(1)に基づいて総合的な**原価低減を実現することによって**、全社的な**中長期利益計画**における**目標利益を達成する**ことである。すなわち、原価企画は戦略的な利益管理の手段である。

3 原価管理（コスト・マネジメント）の体系

⑴ 原価管理（コスト・マネジメント）の分類

原価計算基準が想定する原価管理は原価統制（原価維持）のことを示しており、標準原価計算によるコントロールを意味している。他方、原価管理を広く捉えた場合、生産条件自体を変更するような「原価計画（コスト・プランニング）」ないし「原価低減（コスト・リダクション）」も含むことになる。原価低減は、原価企画と原価改善からなる。

原価管理（コスト・マネジメント）			
	原価計画（原価低減）	**原価企画**	新製品の企画から開発・設計までの段階において、目標利益を確保するための目標原価の達成を図る活動
		原価改善	目標利益を達成するために、量産段階において、現行の生産条件を変更してさらなる原価低減を図る活動
	原価統制（原価維持）		生産条件を所与として、その金額を標準原価管理によって維持する活動

⑵ 原価企画・原価維持・原価改善の関係

企画・設計段階における**原価企画**によって目標利益を達成するように作り込まれた**目標原価は、標準原価として**製造段階に引き継がれ**原価維持のために利用**される。そして、生産段階においては、**標準原価以下に実際原価を引き下げるため**にさらなる**原価改善**が行われるが、**その成果は標準化**され原価維持のために利用される。また、原価改善は原価企画における**目標原価の未達成額**を生産段階において**達成するため**に行われることもある。

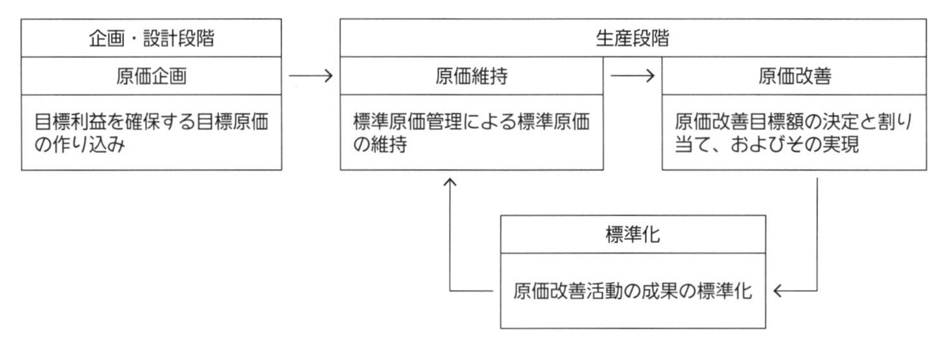

この３つの原価管理が一体となって機能することで、その効果は発揮できるものである。しかし、従来は生産段階における原価維持や原価管理が重視されていたのに対し、現在では**企画設計段階における原価企画が重視**される。

4 原価企画のプロセス

原価企画は以下のようなプロセスで行われる。

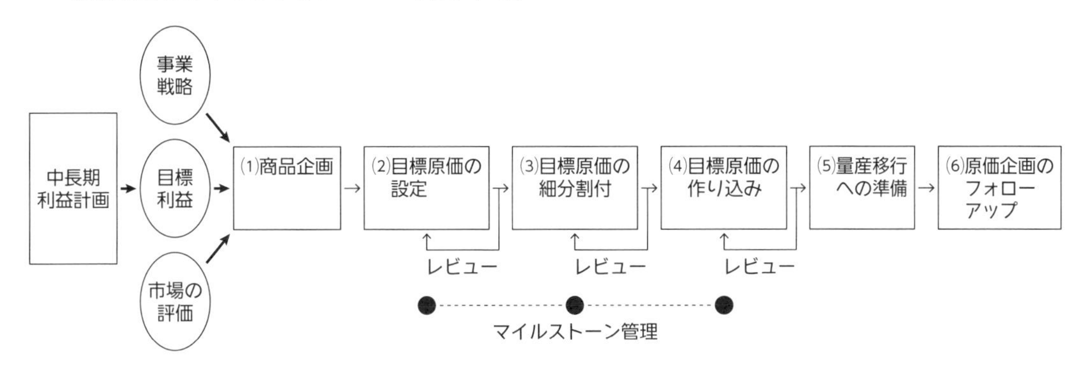

(1) 商品企画

商品企画では、経営戦略や中長期利益計画を勘案し、目標利益の実現に貢献するような魅力的な商品構想が練られる。

(2) 目標原価の設定

目標原価の設定方式には、以下の３つがある。

①　控除方式（割付方式）
②　加算方式（積上げ方式）
③　折衷方式（統合方式）

①　控除方式（割付方式）

控除方式とは、**許容原価をもって目標原価**とする方式である。

許容原価は、当該新製品に対して顧客が支払ってくれるであろう目標販売価格から、中期利益計画を実現するための目標利益を控除して算定する。

目標販売価格 － 目標利益 ＝ 許容原価 → 目標原価

メリット	市場・顧客志向の販売価格が設定でき、かつ目標利益が確保しやすく、戦略的な利益管理の手段として原価企画を活用できる。
デメリット	現状の技術水準を考慮外としており、設計担当エンジニアの挑戦意欲を減退させる可能性がある。

②　加算方式（積上げ方式）

加算方式とは、**成行原価を基準にして目標原価**を設定する方式である。

成行原価（－ 原価低減アイディア）→ 目標原価

メリット	現状の技術水準を考慮しており、設計担当エンジニアの理解を得やすい。
デメリット	市場・顧客志向の販売価格の設定ができない可能性や、目標利益の確保が難しくなり、戦略的な利益管理の手段として原価企画を活用できなくなる可能性がある。

③　折衷方式（統合方式）

折衷方式とは、**成行原価にＶＥ改善**を加えて原価低減活動を行い、その結果を**許容原価と擦り合わせ**、達成可能ではあるがレベルの高い挑戦目標としての**目標原価を製品単位当たりで作り込んでいく方式**である。原価企画の実務においては、この折衷方式の採用比率が最も高いといわれている。なお、原価低減の未達成額については、量産段階の継続的改善に委ねられることになる。

具体例 原価企画のプロセス～目標原価の設定～

ここでは、オートバイの新製品αに原価企画を適用した場合を例に、控除法による目標原価がどのように設定されるのかを説明する。

1．控除法による目標原価の算定

⑴　新車価格：@50万円／台　⑵　目標売上営業利益率：20％　⑶　販売費及び一般管理費：10万円／台

上記資料が与えられた場合、控除法により製造原価の目標原価（許容原価）は以下のように算定される。

→　目標原価（許容原価）：@50万円／台×（１－20％）－@10万円／台(販管費)＝30万円

2．加算法による見積原価の算定

	エンジン	ボディー	サスペンション	タイヤ	合計
主要材料費	51,000円	22,400円	46,600円	—	120,000円
買入部品費	36,600円	19,800円	15,700円	80,200円	152,300円
直接労務費	21,500円	8,000円	8,500円	6,500円	44,500円
製造間接費	20,500円	11,000円	8,400円	3,300円	43,200円
合　計	129,600円	61,200円	79,200円	90,000円	360,000円

→　見積原価（成行原価）：36万円

（参考）ＶＥ（value engineering）

ＶＥとは製品を**機能の集合体**として考え、その**機能を達成できる方法**を考え出し、その中で**最もコストが低いもの**を評価して**選択する活動**である。

ＶＥにおいては製品価値を次のように**機能**と**コスト**に分けて、この両者の関係から**価値**を高めるためにはどうすればよいかを検討する。なお、ここでいう価値とは**顧客にとっての価値**を意味する。

$$\text{価値（V）} = \frac{\text{機能（F）}}{\text{原価（C）}}$$

補足 価値（V）を高める方法

製品の価値である（V）を高める方法は、基本的には以下の4つのパターンである。

・機能（F）を一定として、原価（C）を引き下げる。
・機能（F）を引き上げて、原価（C）を引き下げる。
・機能（F）を引き上げて、原価（C）を一定とする。
・原価（C）を引き上げるが、それ以上に機能（F）を引き上げる。

なお、上記以外にも、機能（F）を引き下げるが、それ以上に原価（C）を引き下げることで価値（V）を高める方法も考えられる。しかし、不必要な機能を取り除くというケースもありうるが、機能のはぎ取りによる原価低減は、顧客満足を損なう可能性が大きいため明確に区別するべきである。

■ 例題1　原価企画

重要度A

当社は現行製品Aのモデル・チェンジを企画・開発中である。以下の資料に基づき、製品A1個当たりの許容原価・成行原価を答えなさい。また、成行原価に製品開発段階で判明している原価削減を加えた目標原価を答えなさい。

1．製品Aの目標販売単価及び見積販売費及び一般管理費、目標売上営業利益率

目標販売単価	13,000円／個
見積販売費及び一般管理費	500円／個
目標売上営業利益率	15%

2．加算法（積上法）による見積原価

直接材料費					4,000円／個
変動加工費	2,000円／h	×	2h	=	4,000円／個
固定加工費	2,400円／h	×	2h	=	4,800円／個
製品A1個当たりの見積製造原価					12,800円／個

3．商品開発段階で判明しているその他の事項

(1)　直接材料費を900円／個削減できる。

(2)　変動加工費について、製品1個当たりの作業時間を0.2h、1時間当たりの加工費を200円／h削減できる。

(3)　固定加工費は見積りの通りである。

■ 解答解説

(1)　許容原価

上記資料1. より控除法により算定する。

@13,000円／個(目標販売単価)×(1－15%)－@500円／個(見積販管費)＝@10,550円

(2)　成行原価

上記資料2. より加算法により算定する。

@4,000円／個(直接材料費)＋@4,000円／個(変動加工費)＋@4,800円／個(固定加工費)＝@12,800円

第20章　戦略的原価計算

(3) 目標原価

上記資料2. 及び3. の原価削減額を加えて算定する。

直接材料費	4,000円/個	−	900円/個	=	3,100円/個
変動加工費	(2,000円/h − 200円/h)	×	(2h − 0.2h)	=	3,240円/個
固定加工費	2,400円/h	×	2h	=	4,800円/個
製品A1個当たりの目標原価					11,140円/個

第2節　ライフサイクル・コスティング

1　ライフサイクル・コスティングの意義

ライフサイクル・コスティングとは、その製品のライフサイクル間（**研究開発から処分まで**）に発生するすべてのコストを測定・分析するための手法である。

2　製品ライフサイクル・コスト

(1)　各段階で発生するコスト

	発生するコスト		発生場所
研究・開発段階	研究開発費、企画・設計費	生産コスト	供給者（メーカー）側
製造・販売段階	製造原価、販売費、管理費		
使用・維持段階	運用コスト、保守コスト	使用コスト	顧客（ユーザー）側
廃棄・処分段階	廃棄処分コスト		

※　この他に、水質汚濁や空気汚染等の地域社会が負担する社会的コストが全ライフサイクルに渡り発生する。

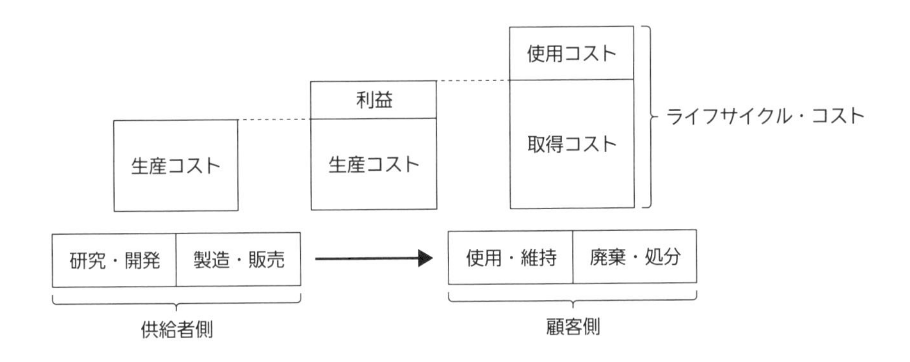

(2) ライフサイクル・コストのトレード・オフ関係

研究開発から販売に至るまでの企業側で発生する**生産コスト**とユーザーが購入後に発生する**使用コストはトレード・オフの関係**がある。すなわち、製品の耐久性や保全性、設計信頼性を高めれば高めるほど生産コストは上昇するが、逆に使用コストは減少するという関係にある。

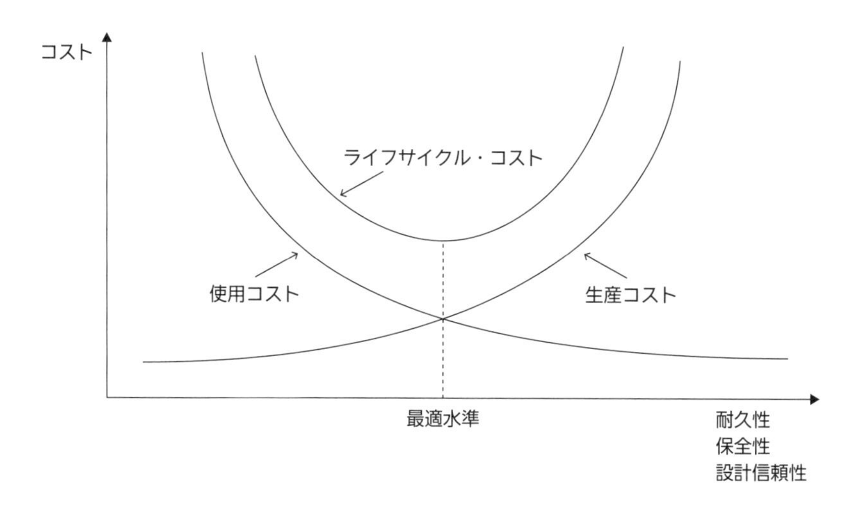

3 ライフサイクル・コスティングのタイプ

ライフサイクル・コスティングには、次の2つのタイプがある。

① 供給者側からみたライフサイクル・コスティング

製品の研究開発・企画・設計から製造・販売を経て、部品等の供給中止に至るまでのライフサイクルにおけるすべてのコストと収益を比較し、製品の収益性を判断するのに役立つ情報を提供しようとするものである。

各製品に関連するすべてのコストの把握が可能となり、また、各コストカテゴリー間のトレード・オフ関係が明確になるといった利点を生むが、反面、**顧客側から見たライフサイクル・コストの視点を反映していない**ため限界があるといえる。

② 顧客側からみたライフサイクル・コスティング

ライフサイクル・コストのうち生産者側で発生するコストは販売価格に反映される。したがって、**研究開発から廃棄処分に至るまで**のすべてのライフサイクル・コストを最終的に負担するのは顧客側である。

例えば安価な製品を購入したとしても、その製品購入後の使用コストや廃棄コストが多額に上ること等を考慮すれば、全ライフサイクルにわたるコストが少ない製品が市場における評価の重要な要因となる。

したがって企業側でもその点を無視しえなくなり、製品の多様化、ライフサイクルの短縮化の著しい現代の企業環境下での競争に勝つためには、製品の研究開発の段階で、ライフサイクル・コストを予測し、**ライフサイクル全体にわたる総コストの低い製品**を提供する必要が生じている。

■ 例題2　ライフサイクル・コスティング

重要度B

A社とB社は共に家電メーカーであり、どちらも耐用年数が10年のエアコンを販売している。顧客は、どちらの製品を購入するか、製品ライフサイクル・コストを計算して答えなさい。

	購入価額	年間の使用・維持費
A社製品	10万円	1.5万円/年
B社製品	15万円	0.5万円/年

■ 解答解説

(1)　A社製品ライフサイクル・コスト：10万円＋1.5万円×10年＝25万円

(2)　B社製品ライフサイクル・コスト：15万円＋0.5万円×10年＝20万円

(3)　意思決定：5万円有利なため、B社製品を購入する。

第3節　品質管理会計

1　製品の品質概念

現代的な意味合いでの製品品質の概念は広がってきており、顧客ニーズに応えることも含む概念として使われている。この前提に立てば、製品品質は以下の２つに定義することができる。なお、**品質原価計算**において検討対象となるのは**適合品質**である。一方、**設計品質**の検討については**原価企画**の段階で行われる。

	内容	検討される手法
設計品質	顧客の要求と製品の設計の乖離度	原価企画
適合品質	製品の設計と実際の製品の乖離度	品質原価計算

2　品質原価計算と品質原価

(1)　品質原価計算の意義・目的

品質原価計算とは、製品品質の維持・改善のために必要な原価を明らかにし、さらにこのような**品質原価の製品単価当たりの金額を最小にしようとするもの**である。

(2)　品質原価の分類

品質原価は、**予防－評価－失敗アプローチ**（Prevention-Appraisal-Failure approach：ＰＡＦアプローチ）に基づき、次のように分類される。

	品質適合原価（自発的原価）		品質不適合原価（非自発的原価）	
意義内容	製品の品質を一定の規格に一致させるためのコスト		製品の品質を一定の規格に一致させられなかったことにより生じる損失	
	予防原価	評価原価	内部失敗原価	外部失敗原価
	規格に一致しない製品の生産を予防するためのコスト	規格に一致しない製品を発見するためのコスト	製品の出荷前に工場内で発生する失敗による損失	欠陥製品の販売により工場の外部で生じる損失
発生段階	製造前 製造過程	製造過程 製造後	製造過程 製造後	販売後
具体例	品質保証教育訓練費 製品設計改善費 工程改善費 工程自体の検査費	購入材料の受入検査費 中間、最終出荷時の品質検査費 他社製品品質調査費	仕損費 手直費	クレーム処理費 損害賠償費 販売後の製品補修費 返品廃棄費 クレーム調査出張旅費

※　販売前の不合格品の補修費は仕損費に含まれる。

※　欠陥製品の社外流出によって、ブランドイメージの毀損による売上減少に伴う喪失利益（機会原価）も、外部失敗原価である。ただし、このような機会原価を測定することは困難であり、計算上、外部失敗原価に含めていないケースがある。なお、問題上は指示による。

■ 例題3　品質原価計算①

重要度B

下記のデータは自動車部品の製造販売を行う企業の品質関連コストである。そこで、①　予防原価、②評価原価、③　内部失敗原価、④　外部失敗原価を答えなさい。

工程自体の検査費	3,500,000円	製品設計改善費	4,100,000円
廃棄処分された仕損品の仕損費	2,200,000円	最終製品の品質検査費	2,200,000円
品質管理教育訓練費	4,500,000円	他社製品品質調査費	1,200,000円
保障期間中の修理サービス費	2,600,000円	クレーム調査出張旅費	980,000円

■ 解答解説

分類	品質コスト	金額	合計
①　予防原価	工程自体の検査費 品質管理教育訓練費 製品設計改善費	3,500,000円 4,500,000円 4,100,000円	12,100,000円
②　評価原価	最終製品の品質検査費 他社製品品質調査費	2,200,000円 1,200,000円	3,400,000円
③　内部失敗原価	廃棄処分された仕損品の仕損費	2,200,000円	2,200,000円
④　外部失敗原価	保障期間中の修理サービス費 クレーム調査出張旅費	2,600,000円 980,000円	3,580,000円

※　工程自体の検査費は予防原価となることに注意すること
※　他社製品品質調査費は評価原価となることに注意すること
※　クレーム調査出張旅費は外部失敗原価となることに注意すること

3　品質原価のトレード・オフ関係

(1)　伝統的モデル

品質原価計算において、**予防・評価コストと失敗コストとはトレード・オフの関係**にある。そのため、一定の設計品質を維持しつつ、トータル品質コストが最小となるような予防・評価コストと失敗コストの最適点を求める必要性が生じた。

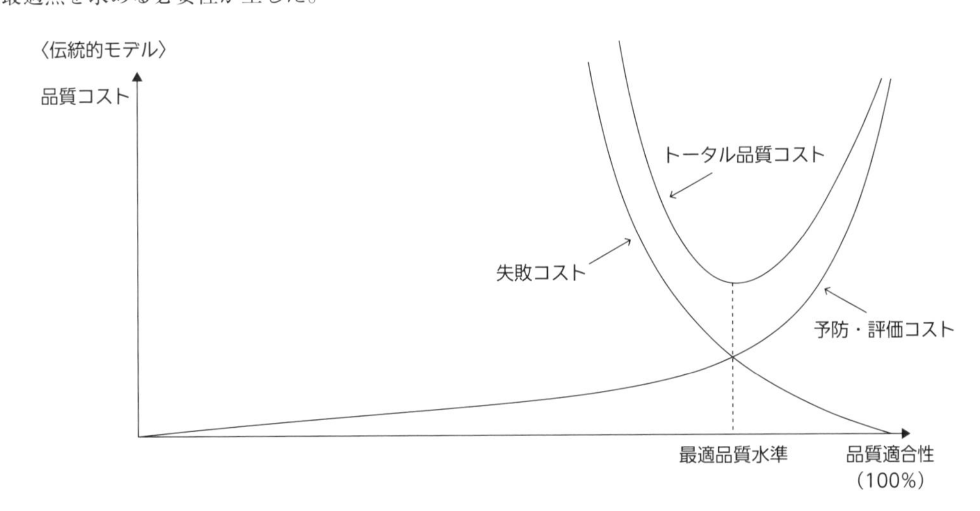

⑵ 修正モデル

伝統的モデルの図からも分かるとおり、**予防・評価コストへの投資**は**失敗コストを減少**させる。しかし、その効果が実際に発現するには**ある程度の時間がかかる**ことに注意しなければならない。

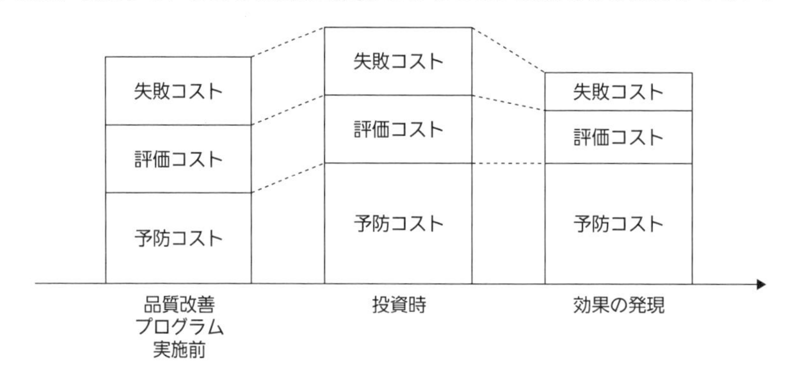

特に、伝統的な予算管理においては、短期原価達成目標に向けられてきたため、注意が必要である。

予算期間において品質コストを低く抑えたければ**予防・評価コスト**に対する支払を単純に**減らそうとすることになるが**、これにより多くの品質改善プログラムの実行が見送られるおそれがある。また**標準を下回る製品を顧客に発送**すれば**内部失敗コストを避ける**ことができる。

しかし、この場合、失敗品が市場に出荷され続けることになり、その結果として顧客の潜在的な不満が蓄積され、将来的には**巨額の機会損失を被る**ことになる。そのため、**失敗コストの最小化**を通じて、**長期的にトータルコストの最小化**を目指すべきである。以下は、このような観点から修正された品質コスト・ビヘイビア・モデルである。

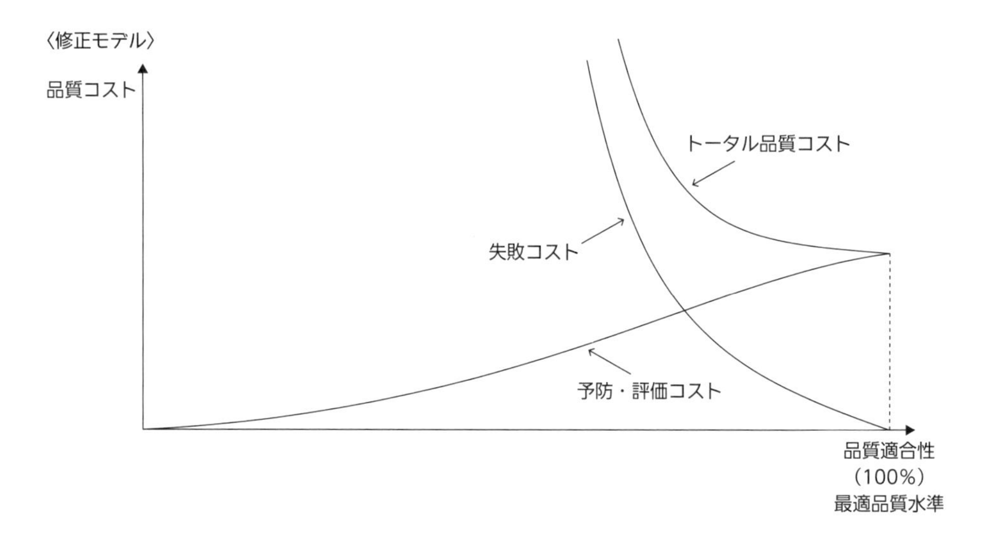

修正モデルでは、予防・評価コストのトレンド線の傾きが緩やかになっていることが特徴的である。これは、**長期を見据えた**ことにより、品質管理活動に対する習熟度が増し、予防コストと評価コストの双方に多額の投資をせずとも、どちらかへの投資によりもう一方を抑制することが可能となる。すなわち、**予防コストと評価コスト間のトレード・オフ関係**の存在を仮定しているのである。

また、予防・評価コストに対して、失敗コストの発生額の比率が大きく表示されている。これは、品質不良により生じる**機会損失の金額が相当にのぼる**と考えているからである。

■ 例題4　品質原価計算②

重要度C

当社では品質原価計算を実施し、当月の品質原価報告書を作成したところ、内部失敗原価と外部失敗原価が多額であることが判明した。そこで、品質を改善して失敗原価を減少させるために、製品の設計を変更し、検査を強化することを決定した。

当該品質改善プログラムを実施すると、設計技術部の作業時間が800時間増加し、検査部門の検査時間が500時間増加するが、不合格品の補修数が200個、外部販売後の保証修理数が200個減少する。以下の資料に基づき、当該品質改善プログラムを実施すると品質原価総額はいくら減少するか、答えなさい。

設計技術部作業時間単位当たり変動費	@　800円/h
検査部門の検査時間単位当たり変動費	@　600円/h
工場内における不合格品の補修費（変動費）	@2,000円/個
販売後の欠陥品の修理費（変動費）	@3,000円/個

■ 解答解説

(1)　品質適合原価の増加額

@800円/h × 800 h ＋@600円/h × 500 h = 940,000円

(2)　品質不適合原価の減少額

@2,000円/個 × 200個 + @3,000円/個 × 200個 = 1,000,000円

(3)　品質原価総額の減少額

1,000,000円 − 940,000円 = 60,000円　　∴　品質原価総額は60,000円減少する。

第４節　生産・在庫管理と管理会計

1　ＪＩＴ生産方式

⑴　意義・目的

ＪＩＴ生産方式（just-in-time system）とは、**必要なものを必要なときに必要な量だけ**を生産することにより、過剰在庫や過剰労働力を削減し、**原価を低減**することを目的とする管理手法である。

⑵　引っ張り方式とカンバン方式

ＪＩＴ生産方式の特徴として、引っ張り方式とカンバン方式の２つがある。

引っ張り方式	後工程の必要に応じて指定された時間に指定量を指定の場所に直接搬入させること
カンバン方式	後工程からの部品の製造指示を待って、前工程が製造を行うこと

⑶　生産の同期化と生産の平準化

在庫を削減するためには、生産の平準化と生産の同期化が必要となる。

①　**生産の平準化**

製品が売れるペース(タクト・タイム)に合わせて製品を生産するためには、**単位時間当たりの生産量を均等化**することが重要となる。これを生産の平準化という。

②　**生産の同期化**

生産のリードタイムが長いということは、それだけ在庫を保有するということである。よって、全ての**生産工程の進行を同時ないし並行的に行う**ことが重要となる。これを生産の同期化という。

⑷　ＪＩＴ生産方式のメリット

ＪＩＴ生産方式によれば、**生産リードタイムが短縮**され、**納期も短縮**できる。また、在庫を削減するため**在庫関連費用や事務処理費用の削減**といった原価低減効果が得られるうえ、在庫を保有することによって覆い隠されていた**経営管理上の様々な問題点が顕在化**するといったメリットも得られる。

2　バックフラッシュ・コスティング

⑴　意義

ＪＩＴ生産方式が運用されている企業では、「生産量＝販売量」が前提となっているので仕掛品勘定や製品勘定が不要となってくる。また、購入材料や購入部品の在庫が存在しない場合には、「材料購入量＝材料消費量」となり、同じく材料勘定も不要となってくる。このような環境下において、**簡略化された原価計算方法**として工夫されたものがバックフラッシュ・コスティングである。

バックフラッシュ・コスティングには「逆流原価計算」として捉える見解と、「原材料の購入から製品の販売までの仕訳記録を一部省略する原価計算」として捉える見解がある。

⑵　「逆流原価計算」として捉える見解

この見解によれば、当期に発生した製造費用は**すべて売上原価勘定に借方記入しておき**、期末に在庫が存在するならば、仕掛品勘定や製品勘定へ**標準原価等を利用して売上原価勘定から逆流（バックフラッシュ）させる**という方法がとられる。

具体例 バックフラッシュ・コスティング～「逆流原価計算」として捉える見解～

1．製品の原価標準は以下のとおりである。

原料費	@ 500円	×	10kg	=	5,000円
加工費	@1,000円	×	2 h	=	2,000円
合　計					7,000円

2．原料関連データ

原料購入量　　10,050kg（購入価格　@500円）
期末原料棚卸高　　50kg

3．生産・販売データ

期末仕掛品　　10個（加工進捗度50％）
期末製品　　10個
当期販売数量　　980個

4．その他

(1) 加工費の実際発生額：1,990,000円
(2) 期首棚卸資産はない。

<実際原価計算の勘定記入>

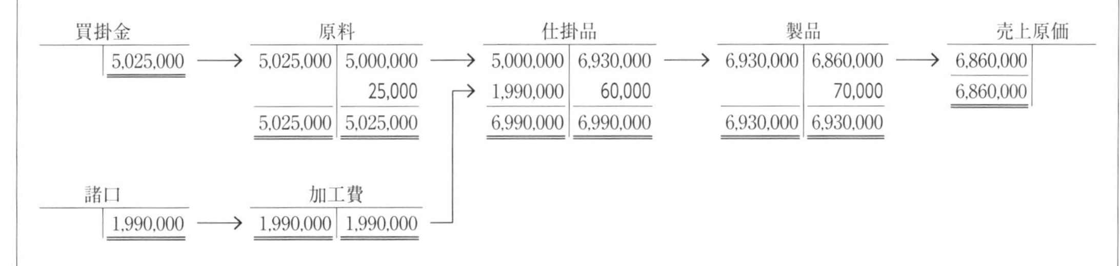

<バックフラッシュ・コスティングの勘定記入>

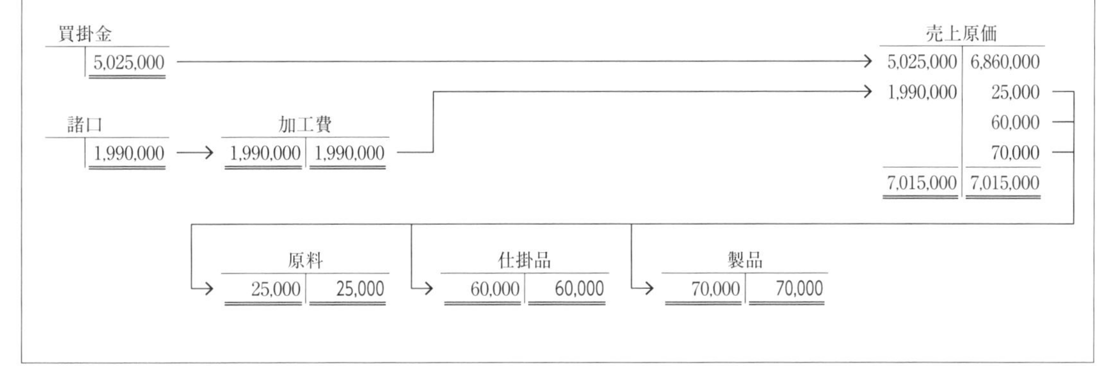

⑶ 「原材料の購入から製品の販売までの仕訳記録を一部省略する原価計算」として捉える見解

この見解によった場合、仕訳記録の回数と仕訳記録の時点の違いから、以下のように種類分けされることになる。これらの全てに共通することは、**仕掛品の製造段階での仕訳記録を行わず、仕掛品勘定を持たないことが挙げられる。**

種類	記帳の回数	記帳の時点
①	3回	・原料（直接材料）の購入 ・製品の完成 ・製品の販売
②	2回	・原料（直接材料）の購入 ・製品の販売
③	2回	・製品の完成 ・製品の販売

具体例 バックフラッシュ・コスティング～「原材料の購入から製品の販売までの仕訳記録を一部省略する原価計算」として捉える見解～

1．製品の原価標準は以下のとおりである。

原料費	3,000円
加工費	2,000円
合　計	5,000円

2．当期の原料購入高は3,050,000円である。なお、原料費に関する原価差異は生じないものとする。

3．当期の実際加工費は2,080,000円である。なお、加工費の配賦差異は期末に売上原価に賦課するものとする。

4．当期の生産量は1,000個であり、990個を販売する。なお、期首に棚卸資産はないものとする。

＜種類①　記帳3回(原料の購入、製品の完成、製品の販売)＞

この場合、在庫品関連の勘定として、在庫品(原料･仕掛品)勘定と製品勘定を用いることが多い。在庫品勘定は、原料在庫と仕掛品在庫に含まれる原料費を一括して記録するための勘定である。

	仕訳			
	借方		貸方	
(ⅰ) 原料の購入時	在庫品	3,050,000円	買掛金	3,050,000円
(ⅱ) 加工費の発生時	加工費	2,080,000円	諸口	2,080,000円
(ⅲ) 製品の完成時	製品	5,000,000円	在庫品 配賦加工費	3,000,000円 2,000,000円
(ⅳ) 製品の販売時	売上原価	4,950,000円	製品	4,950,000円
(ⅴ) 加工費配賦差異の調整	配賦加工費 売上原価	2,000,000円 80,000円	加工費	2,080,000円

＜種類②　記帳２回（原料の購入、製品の販売）＞

この場合、製品完成時の仕訳を省略するため、製品勘定が不要となる。

	仕訳			
	借方		貸方	
（ⅰ）　原料の購入時	在庫品	3,050,000円	買掛金	3,050,000円
（ⅱ）　加工費の発生時	加工費	2,080,000円	諸口	2,080,000円
（ⅲ）　製品の完成時	仕訳なし			
（ⅳ）　製品の販売時	売上原価	4,950,000円	在庫品 配賦加工費	2,970,000円 1,980,000円
（ⅴ）　加工費配賦差異の調整	配賦加工費 売上原価	1,980,000円 100,000円	加工費	2,080,000円

＜種類③　記帳２回（製品の完成、製品の販売）＞

この場合、原料購入時の仕訳を省略するため、在庫品勘定が不要となる。

	仕訳			
	借方		貸方	
（ⅰ）　原料の購入時	仕訳なし			
（ⅱ）　加工費の発生時	加工費	2,080,000円	諸口	2,080,000円
（ⅲ）　製品の完成時	製品	5,000,000円	買掛金 配賦加工費	3,000,000円 2,000,000円
（ⅳ）　製品の販売時	売上原価	4,950,000円	製品	4,950,000円
（ⅴ）　加工費配賦差異の調整	配賦加工費 売上原価	2,000,000円 80,000円	加工費	2,080,000円

⑷　財務諸表作成目的と原価管理目的との関係

バックフラッシュ・コスティングでは、**製品原価の計算手続きが簡略化**されるが、記帳と生産の流れが一致しないことによって、**原価管理への情報提供の不十分さが問題**とされる。

財務諸表作成目的	在庫をほとんど持たなければ、簡略化された原価計算方法でも大きな問題は生じない。
原価管理目的	責任区分としての部門や工程別の消費高の跡付けが詳細になされておらず、原価管理上は問題がある。

参考　**情報技術の発展とバックフラッシュ・コスティングの問題点**

近年の情報管理技術の発達により会計システム以外の各種の情報源泉が存在する。それらの情報の併用によりバックフラッシュ・コスティングの原価管理上の問題点は解決可能であると考えられる。

3 TOCとスループット会計

(1) TOC（theory of constraints：制約理論）の意義

TOC（theory of constraints：制約理論）とは、あらゆるシステムが**少なくとも1つの制約**をもっていると考え、それらの中から**ボトルネック**となっているものを**発見、改善**することで**全体利益の最大化**を図ることができるという理論である。

ボトルネックとは、生産システム内で生産能力が他よりも劣っている部分であり、ボトルネック以外の部分をいくら改善してもボトルネックが存在する限り全体の生産量は改善されず、逆に**ボトルネックを改善**することで、**スループットの増加**が達成される。

(2) TOCの指標

TOCでは、企業の目標を「現在も将来もお金をもっと多く儲けること」と仮定し、具体的には「スループット」、「在庫」、「業務費用」の3つの指標を用い、**スループットを増大**させることを**第一**に考え、同時に**在庫、業務費用をともに減少**させるものである。

指標	内容	具体例
スループット	システムが販売を通じてお金を生み出す速さ（ペース）であり、「企業に入ってくるお金」であるといえる。	売上高－直接材料費
業務費用	システムが在庫をスループットに変換するのに費やすすべてのお金であり、「企業から出て行くお金」であるといえる。	原材料を除いたすべての費用
在庫（資産）	システムが販売を意図した物の購入に投資したすべてのお金であり、「システムに留まっているお金」であるといえる。	製品・仕掛品・原材料の在庫＋機械設備・建物

※　スループットは、システムが販売を通じてお金を生み出す速さを意味するから、製品１個の販売によって発生する純粋な変動費のみを控除するために、直接材料費及び外注加工賃のみを控除する。

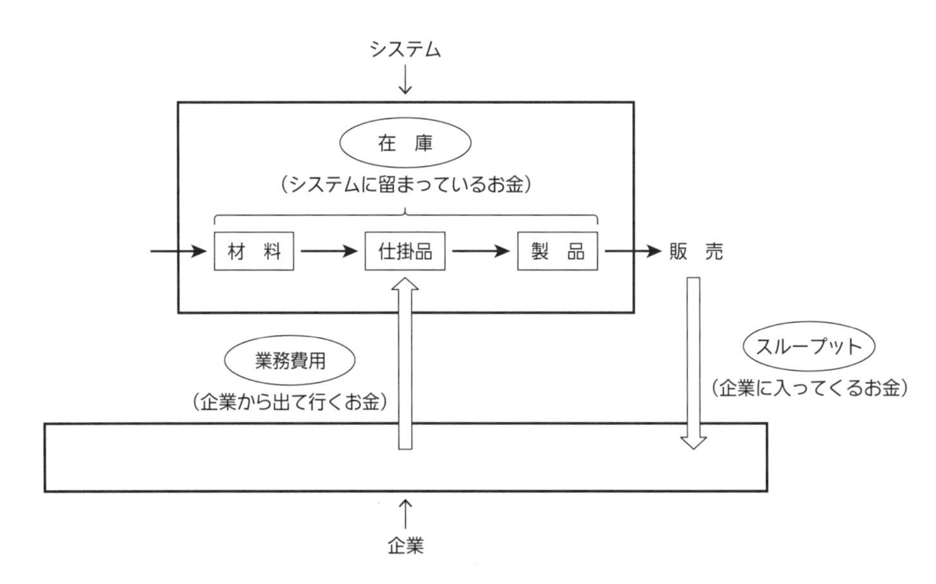

(3)　ＴＯＣにおける生産改善プロセス

ＴＯＣにおける生産改善プロセスは以下のように行われる。

①	システムの制約を見つけ、ボトルネックを把握する。
②	ボトルネックを可能な限り活用する。
③	非ボトルネックをすべてボトルネックの利用度に従属させる。
④	ボトルネックの制約を改善ないし解消する。
⑤	ボトルネックが解消したら①に戻る。

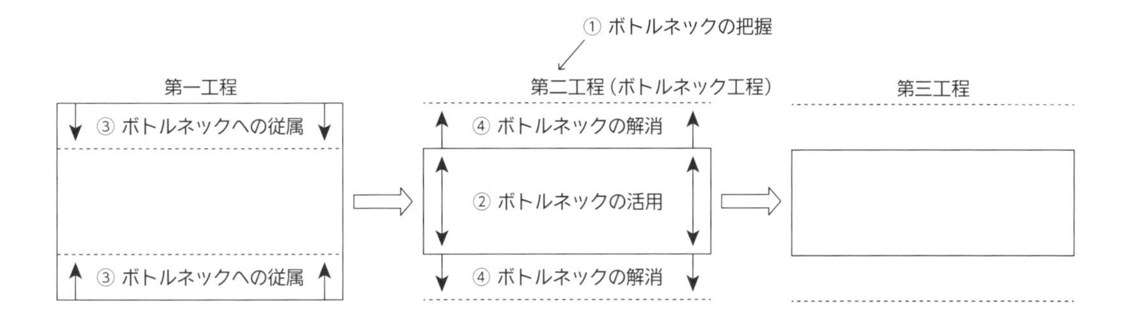

具体例　ＴＯＣにおける生産改善プロセス

製品Ａ及びＢに関するデータは以下のとおりである。

製品	販売価格	直接材料費	製品単位当たりスループット	利用時間		利用時間当たりスループット		需要
				工程Ⅰ	工程Ⅱ	工程Ⅰ	工程Ⅱ	
Ａ	1,000円／個	700円／個	300円／個	1 h	2 h	300円／h	150円／h	100個
Ｂ	500円／個	300円／個	200円／個	1 h	2 h	200円／h	100円／h	100個

※　工程Ⅰ、工程Ⅱの作業可能時間はそれぞれ200 h、300 hである。
※　業務費用はすべて変動費であり、その単価は@40円／hである。

①　システムの制約を見つけ、ボトルネックを把握する。

(1)　工程Ⅰでは、製品Ａ及び製品Ｂをそれぞれ100個ずつ生産できる（工程Ⅰ生産量≧需要）。

(2)　工程Ⅱでは、製品Ａ及び製品Ｂを合計で150個しか生産できない（工程Ⅱ生産量＜需要）。
よって、工程Ⅱがボトルネックである。

②　ボトルネックを可能な限り活用する。

現在、工程Ⅰ、Ⅱはフル操業しているものとする。

工程Ⅰ完了品として、製品Ａを100個、製品Ｂを100個生産している。工程Ⅱでは工程Ⅰ完了品を加工するが、工程Ⅱ利用時間当たりスループットの大きい製品Ａを優先的に生産するため、製品Ａを100個、製品Ｂを50個生産する。

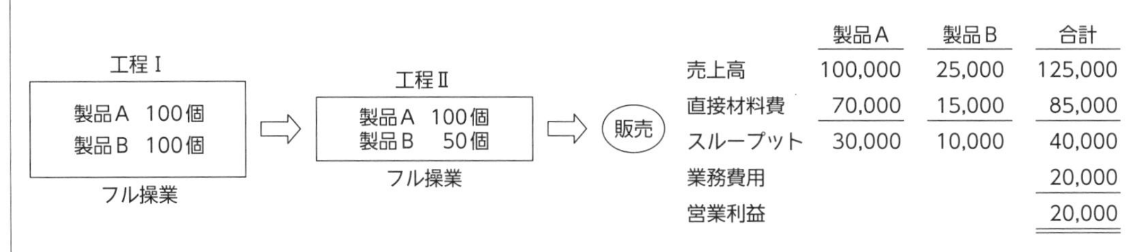

	製品A	製品B	合計
売上高	100,000	25,000	125,000
直接材料費	70,000	15,000	85,000
スループット	30,000	10,000	40,000
業務費用			20,000
営業利益			20,000

在庫(製品B工程Ⅰ完了品の直接材料費)
50個×300円/個=15,000円

※ 業務費用:500 h ×40円/h =20,000円

③ 非ボトルネックをすべてボトルネックの利用度に従属させる。

工程Ⅰ(非ボトルネック)を工程Ⅱ(ボトルネック)の利用度に合わせる。すなわち、工程Ⅱでは、製品Aを100個、製品Bを50個生産しているため、工程Ⅰでも製品Aを100個、製品Bを50個生産する。

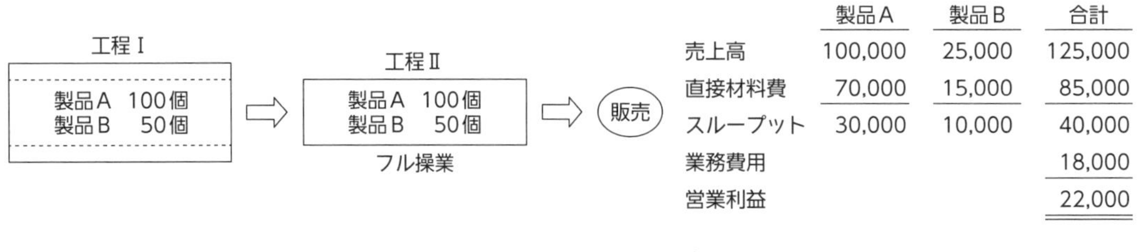

	製品A	製品B	合計
売上高	100,000	25,000	125,000
直接材料費	70,000	15,000	85,000
スループット	30,000	10,000	40,000
業務費用			18,000
営業利益			22,000

在庫なし

※ 業務費用:450 h ×40円/h =18,000円

④ ボトルネックの制約を改善ないし解消する。

生産設備を増強して、工程Ⅱの生産能力を400 hに高めることにした。これにより、固定費としての業務費用が2,000円増加する。

上記の結果、工程Ⅰ、Ⅱは需要まで生産することができるようになった。すなわち、工程Ⅰ完了品として、製品Aを100個、製品Bを100個生産し、工程Ⅱでも製品Aを100個、製品Bを100個生産する。

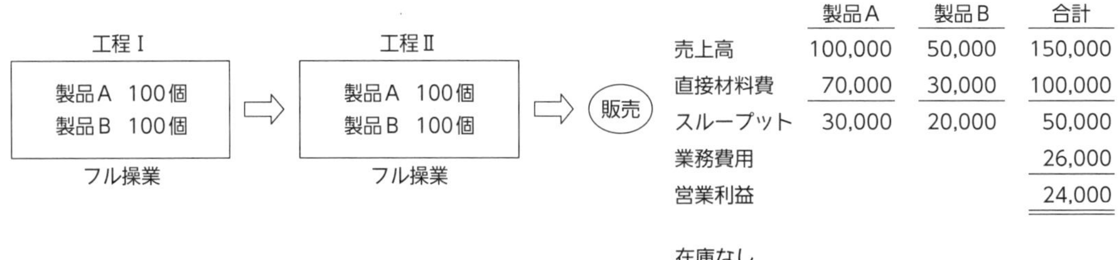

	製品A	製品B	合計
売上高	100,000	50,000	150,000
直接材料費	70,000	30,000	100,000
スループット	30,000	20,000	50,000
業務費用			26,000
営業利益			24,000

在庫なし

※ 業務費用:600 h ×40円/h +2,000円=26,000円

参考 **ＴＯＣとＪＩＴ生産方式の異同**

ＴＯＣとＪＩＴ生産方式は、ボトルネック工程の管理や生産の同期化を図る点では共通する部分がある。しかし、ＪＩＴ生産方式はバッファー在庫の保有を考えないのに対して、ＴＯＣではバッファー在庫の保有を考慮する点において相違する。材料切れ等によりボトルネック工程の利用が滞れば、それは全体の生産量を減少させることになるため、ＴＯＣでは、そのようなことがないようにバッファー在庫の保有を考慮するのである。

⑷　スループット会計の意義

ＴＯＣにおけるスループットの概念を会計領域に適用した管理会計の手法である。スループット会計は、**スループットから業務費用を差し引いて営業利益を算定**するという損益計算構造を有しており、超変動原価計算とも称され、直接原価計算の一形態であるとも言われる。

⑸　全部原価計算、直接原価計算、スループット会計の三者の比較

従来の**全部原価計算では**、固定費を棚卸資産に含めて計算する。そのことが経営者に計算上の利益をあげるためには**在庫を増やそうとするインセンティブ**が働くと批評されてきた。直接原価計算はこの点につき批評を行ってきたが**スループット会計は**さらに、上記以外の様々な在庫保有による問題点に注目し、徹底的な**在庫排除のインセンティブ**を与え、また利益ではなく**キャッシュ・フローの意義を強調**している点が直接原価計算と異なっている。さらに、スループット会計が在庫ゼロを目指す**ＪＩＴの基本思考**と繋がる点も指摘できよう。

	全部原価計算	直接原価計算	スループット会計
製品原価の範囲	全部製造原価	変動製造原価	直接材料費
営業利益の変動要因	生産量と販売量	販売量	生産量と販売量
在庫増加のインセンティブ	在庫増加のインセンティブ	なし	在庫減少のインセンティブ
目的	財務諸表作成 価格決定	利益管理 意思決定	生産・在庫管理 意思決定 キャッシュ・フロー経営

具体例

製品Xの販売価格及び原価データは以下のとおり

販売価格	直接材料費	直接労務費	変動製造間接費	固定製造間接費
1,000円/個	300円/個	100円/個	100円/個	20,000円/年

<販売量100個、生産量100個の場合>

全部原価計算

売上高		100,000
売上原価		
	直接材料費	30,000
	直接労務費	10,000
	変動製造間接費	10,000
	固定製造間接費	20,000
売上総利益		30,000

直接原価計算

売上高		100,000
変動費		
	直接材料費	30,000
	直接労務費	10,000
	変動製造間接費	10,000
限界利益		50,000
固定製造間接費		20,000
売上総利益		30,000

スループット会計

売上高		100,000
直接材料費		30,000
スループット		70,000
業務費用		
	直接労務費	10,000
	変動製造間接費	10,000
	固定製造間接費	20,000
売上総利益		30,000

<販売量100個、生産量200個の場合>

全部原価計算

売上高		100,000
売上原価		
	直接材料費	30,000
	直接労務費	10,000
	変動製造間接費	10,000
	固定製造間接費	10,000
売上総利益		40,000

※　売上原価
変動費：単価×販売量
固定費：実際発生額÷生産量×販売量

直接原価計算

売上高		100,000
変動費		
	直接材料費	30,000
	直接労務費	10,000
	変動製造間接費	10,000
限界利益		50,000
固定製造間接費		20,000
売上総利益		30,000

※　変動費：単価×販売量
固定費：実際発生額

スループット会計

売上高		100,000
直接材料費		30,000
スループット		70,000
業務費用		
	直接労務費	20,000
	変動製造間接費	20,000
	固定製造間接費	20,000
売上総利益		10,000

※　変動費：単価×販売量

※　業務費用
変動費：単価×生産量
固定費：実際発生額
} 期間原価処理

重要ポイント！！！

全部原価計算では、在庫が増加すると利益が増加する。　→　在庫増加のインセンティブ
直接原価計算では、在庫が増加しても利益は変化しない。　→　在庫の増減は影響しない
スループット会計では、在庫が増加すると利益が減少する。→　在庫減少のインセンティブ

補足 全部原価計算の損益データに基づく業績評価の問題点

全部原価計算の損益データによって業績評価を行う場合、過剰在庫を保有することへの望ましくないインセンティブが働くという問題が生じる。これは、直接原価計算やスループット会計によった場合に解消できる問題点であるが、業績評価尺度に非財務的指標を用いることでも改善できる。すなわち、原価や利益の情報だけでなく、在庫を適切な水準で保有しているかどうか等を測定し、業績評価に反映させるのである。

第５節　活動基準原価計算（ＡＢＣ：Activity Based Costing）

1 ＡＢＣ誕生の背景

近年の製造環境の変化（多品種少量生産、ＦＡ化、ＣＩＭ化）は、製造原価に占める**直接労務費の比率を大幅に減少**させ、その反面、段取り、設計、企画、保守、監視、マテハン（material handling：資材、原材料の社内運搬）など、いわゆる**支援機能遂行のための製造間接費（生産支援コスト）を増加**させた。

伝統的な配賦方法によれば、これらの製造間接費は**操業度を基準**とする方法によって配賦されることになるが、生産支援コストは、操業度よりもむしろ生産される製品品種の多様性、生産工程の複雑性などによって増減する。したがって、製造間接費の配賦に関しては、従来の操業度を基準とする方法では**内部相互補助**（本来、少量生産品が負担するべき原価を大量生産品が負担してしまう）**が発生し**、製品原価を著しく歪めてしまうことになる。このような弊害を除去しようと考案された方法が**活動基準原価計算（Activity Based Costing：ＡＢＣ）**である。

		従来	現在
製造環境		少品種大量生産、手作業中心	多品種少量生産、ＦＡ化、ＣＩＭ化
原価構造	直接労務費	多い	少ない
	製造間接費	少ない	多い（特に、生産支援コストが増加）
操業度による配賦		適切	不適切

具体例

当社は製品Ａ（多品種少量生産）と製品Ｂ（少品種大量生産）を生産している。段取活動によって当月に消費された資源の原価は240,000円であった。当月の生産量は、製品Ａは5,000単位、製品Ｂは45,000単位であった。

1．両製品は製品単位当たり１時間の直接作業時間を必要としている。

2．両製品のバッチ生産の単位は、製品Ａが500単位、製品Ｂが9,000単位である。なお、バッチの変更に際して段取替えが必要である。

＜伝統的な方法による配賦＞

(1) 配賦率：240,000円÷（5,000時間＋45,000時間）＝@4.8円／時間

(2) 配賦額の計算

製品Ａ：@4.8円／時間×5,000時間＝24,000円

製品Ｂ：@4.8円／時間×45,000時間＝216,000円

＜ＡＢＣによる配賦＞

(1) 段取回数

製品Ａ：5,000単位÷500単位＝10回

製品Ｂ：45,000単位÷9,000単位＝５回

(2) 配賦率：240,000円÷（10回＋５回）＝@16,000円／回

(3) 配賦額の計算

製品Ａ：16,000円／回×10回＝160,000円

製品Ｂ：16,000円／回×５回＝80,000円

2 活動基準原価計算（Activity Based Costing：ＡＢＣ）の意義・目的

⑴ ＡＢＣの意義

活動基準原価計算（ＡＢＣ）とは、原価をその発生原因となる活動を基準にして原価計算対象に跡付ける方法である。ＡＢＣでは、直課に近いかたちで、**資源を活動に割り当て、活動から原価計算対象に割り当てる**。なお、ＡＢＣにおける「割当」とは、因果関係をより正確に反映させた原価集計のことであり、間接費を可能な限り直接費化すること、ないし、配賦計算の精緻化を意味する。

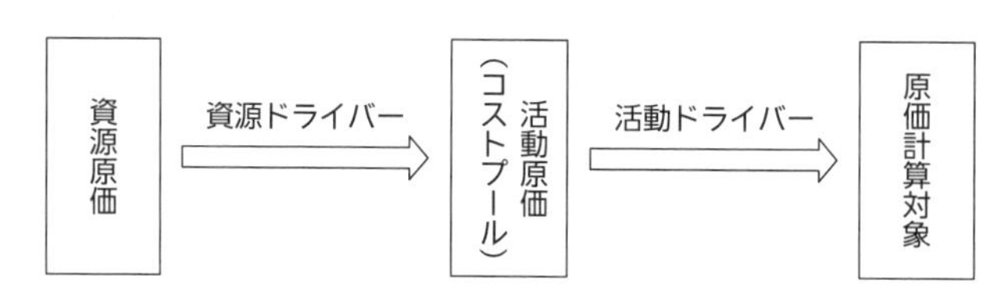

⑵ ＡＢＣの目的

ＡＢＣは正確な製品原価の計算（配賦計算の精緻化）によって**製品戦略**（製品別収益性分析や価格決定、戦略的なプロダクト・ミックスの決定）に役立つ情報を提供することを目的とする。

また、ＡＢＣによれば、正確な収益性が判明するため、既存事業の取捨選択に有効な資料の入手が可能となり、**効果的なリストラクチャリング**（restructuring:事業再構成）への情報提供のツールともなり得る。

3 ＡＢＣの諸概念

⑴ 活動(activity)

① 活動の意義

活動とは、行動、動作、一連の作業のことである。ＡＢＣにおいては、**中間的原価計算対象(コストプール)**、ないし個々に原価を測定したいと考えるセグメントとして考えられる。

② 活動の項目数

活動の項目数を設定するに当たっては、**費用対効果を考慮する必要**がある。すなわち、活動の項目数は多ければ多いほど良いシステムであるわけではなく、その得られる効果との比較によって決定される。

⑵ 資源(resource)

資源とは、活動を実行するために必要なあるいは消費された**経済的要素**のことである。なお、ＡＢＣは**基本的に製造間接費を対象**として生成されたが、近年では、**原価管理のために製造直接費**を集計したり、**顧客別の収益性を把握するために営業費**も集計することがある。

⑶ コストドライバー(cost driver)

コストドライバーの解釈には狭義と広義の２つが存在する。狭義は「単なる配賦基準」としての意味であり、広義は「コストを変化させる原因あるいは変化に関わるもの」である。現代的には広義の意味で使われることが多い。

資源ドライバーと活動ドライバー

ＡＢＣにおけるコストドライバー（原価作用因）は次の２つに分けることができる。

資源ドライバー	第一段階（資源コストを活動に割り当てる）で用いられ、活動によって消費された資源の量を変化させるもの
活動ドライバー	第二段階（活動コストを原価計算対象に割り当てる）で用いられ、原価計算対象に対して実行された活動の量を規定するもの

4　ＡＢＣの計算構造

ＡＢＣでは、「原価計算対象が活動を消費し、活動が資源を消費する」という基本思考のもとに、資源コストを活動に割り当て、活動から原価計算対象に割り当てるという２段階の計算手続きをとっている。

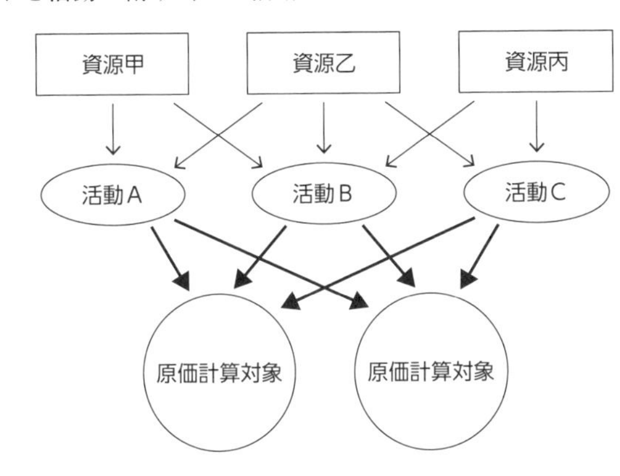

(1)　計算の第一段階

ＡＢＣでは計算の第一段階として、資源の消費額を資源ドライバーによって活動原価ないし活動原価の集合であるコスト・プールに割り当てる。なお、資源と資源ドライバーの例として以下のようなものが考えられる。

資　源		資源ドライバー
燃料費	→	燃料消費量
間接工賃金	→	間接作業時間
研究開発費	→	新規開発製品数
工場消耗品費	→	消耗品消費量
機械減価償却費	→	機械作業時間
光熱費	→	施設の面積

(2)　計算の第二段階

ＡＢＣでは計算の第二段階として、活動別に集計された原価をそれぞれの活動ドライバーによって原価計算対象に割り当てる。

■ 例題5　活動基準原価計算

重要度B

当社では、大量生産品A、Cと少量生産品Bを製造している。

問1　下記の資料に基づき、伝統的な方法により製造間接費の配賦計算を行うことで、製品単位当たりの製造原価を求めなさい。なお、製造間接費については予算額を機械稼働時間を基準に予定配賦すること。

1．当期の製造直接費に関する予算等

製　品	A	B	C
直接材料費	700円／個	1,200円／個	500円／個
直接作業時間	1 h／個	0.8 h／個	0.5 h／個
機械稼働時間	1 h／個	1 h／個	0.7 h／個

なお、直接作業時間には段取作業時間は含まれず、直接工の賃率は1,000円／hである。

2．当期の計画生産・販売量

製　品	A	B	C
生産・販売量	5,000個	1,000個	4,000個
ロット数	100個／ロット	10個／ロット	200個／ロット

3．製造間接費の当期予算：8,360,000円

問2　当社では、総原価を基準に20%のマークアップ率で販売価格を算定している。このとき、各製品の単位当たり販売価格を求めなさい。

問3　当社では、問2で求めた販売価格で営業活動を行ったところ、製品Aと製品Cについては値引きをせずには売れなかった。また逆に、製品Bについては予約が殺到し、大幅な値上げを行っても状況は変わらなかった。この結果から従来の原価計算の方法を疑問視し、収益性に関するより正確な情報を入手すべきとの要請から、製造間接費について活動基準原価計算の採用に踏み切った。上記資料に以下の資料を加えて、活動基準原価計算によった場合の各製品の単位当たりの製品原価および、総原価を基準にした場合の製品単位当たりの販売価格（マーク・アップ率は20%）を求めなさい。

1．製造間接費の内訳

コストプール	金額
材料倉庫コストプール	3,350,000円
段取作業コストプール	3,060,000円
生産技術コストプール	1,950,000円
合　計	8,360,000円

※　製品に賦課できない各コスト・プールは適切なコストドライバーを選択して配賦すること。

2．コストドライバー

コストドライバー	A	B	C	合計
直接材料出庫金額	3,500,000円	1,200,000円	2,000,000円	6,700,000円
段取回数（1ロット当たり1回）	50回	100回	20回	170回
製品仕様書作成時間	700時間	2,720時間	480時間	3,900時間

■ 解答解説

問１

１．各製品の機械稼働時間

製　品	A	B	C
生産量	5,000個	1,000個	4,000個
単位当たり機械稼働時間	１ h／個	１ h／個	0.7 h／個
機械稼働時間	5,000 h	1,000 h	2,800 h

２．製造間接費の予定配賦率：8,360,000円÷（5,000 h＋1,000 h＋2,800 h）＝@950円／h

３．各製品の単位当たり製造原価

製　品	A	B	C
直接材料費	700円／個	1,200円／個	500円／個
直接労務費	1,000円／個	800円／個	500円／個
製造間接費	950円／個	950円／個	665円／個
合　計	2,650円／個	2,950円／個	1,665円／個

問２

各製品の単位当たり販売価格

製　品	A	B	C
製品単位当たり販売価格	3,180円／個	3,540円／個	1,998円／個

※　製品単位当たり販売価格：製品単位当たり製造原価×（１＋20%）

問３

１．各コストドライバー・レート

コストプール	金額	コストドライバー	コストドライバー・レート
材料倉庫コストプール	3,350,000円	直接材料出庫金額	@0.5円
段取作業コストプール	3,060,000円	段取回数	@18,000円
生産技術コストプール	1,950,000円	製品仕様書作成時間	@500円

２．各コスト・プールから各製品への配賦

コストプール	製品A	製品B	製品C
材料倉庫コストプール	1,750,000円	600,000円	1,000,000円
段取作業コストプール	900,000円	1,800,000円	360,000円
生産技術コストプール	350,000円	1,360,000円	240,000円
合　計	3,000,000円	3,760,000円	1,600,000円
製品単位当たり製造間接費	600円／個	3,760円／個	400円／個

3．各製品の単位当たり製造原価

製　品	A	B	C
直接材料費	700円／個	1,200円／個	500円／個
直接労務費	1,000円／個	800円／個	500円／個
製造間接費	600円／個	3,760円／個	400円／個
合　計	2,300円／個	5,760円／個	1,400円／個

4．各製品の単位当たり販売価格

製　品	A	B	C
製品単位当たり販売価格	2,760円／個	6,912円／個	1,680円／個

5 ＡＢＣと伝統的原価計算

(1) 両者の比較

伝統的原価計算とＡＢＣは、どちらも中間的原価計算対象を経由し、そこからコストドライバーを使用して最終の原価計算対象に原価を集計する点で共通するが、その内容において以下のような相違点が存在する。

	伝統的な原価計算	ＡＢＣ
コストドライバー	操業度基準のみ	操業度基準 活動基準
中間的原価計算対象	原価部門	活動

※　ＡＢＣでは中間的原価計算対象に活動を設定することから、補助部門費の配賦計算を排除できる。

(2) 両者の関係

ＡＢＣを経常的な原価計算に組み込むためには、情報収集コストやシステム運用のコストが莫大になる。また、「一般に公正妥当と認められた企業会計の基準の一部である原価計算基準」にはＡＢＣの規定は当然に存在しない。このような理由により、ＡＢＣを経常的な原価計算システムとして利用する企業は少なく、むしろ**製品戦略上の特殊調査**としてＡＢＣを利用する企業が多い。すなわち、現実の企業においては、**経常的な原価計算システムとしては伝統的な部門別計算を利用**し、**両者を併存**させることが多い。すなわち、ＡＢＣと伝統的原価計算は相互排他的関係には無い。

第21章

分権組織と
グループ経営の管理会計

第1節　事業部制会計の基礎知識

1　責任会計の意義

責任会計とは、企業組織内の**各責任センターの業績を明らかにする**ために、センターごとにそれぞれが責任を持つ原価、利益、投資額等を割り当て、センターごとに計画と実績、差異に関する財務情報を提供する会計システムである。

なお、責任センターは、管理者が有する権限・責任の範囲によって以下の4つに分類される。

①	費用センター (コスト・センター)	その管理者が費用に対する権限と責任のみを有するセンターであり、実際の費用額と予算額との比較で業績評価する。
②	収益センター (レベニュー・センター)	その管理者が収益に対する権限と責任のみを有するセンターであり、実際の収益額と予算額との比較で業績評価する。
③	利益センター (プロフィット・センター)	その管理者が収益と費用の双方に権限と責任を有するセンターであり、実際の利益額と予算額との比較で業績評価する。
④	投資センター (インベストメント・センター)	その管理者が収益、費用、及び投資額について権限と責任を有するセンターであり、実際の投資利益率等と目標値等との比較によって業績評価する。

2　職能別組織と事業部制組織の比較

組織形態は、トップマネジメントとその下位組織との関係に着目して、職能別組織と事業部制組織に分けることができる。

(1)　職能別組織

職能別組織とは、トップマネジメントの下位部門が**組織の機能（販売、製造、研究開発、管理等）にしたがって編成**されている組織形態である。

職能別組織においては、意思決定権限の配分がトップマネジメント等の比較的上位の管理者に集中（集権的組織）していることが多く、各部門管理者には収益責任や原価責任を負わせるが、**通常、利益責任については問わない**。また、**部門間の相互依存性が高く**、各部門の業績を他部門と切り離して評価することが困難である。

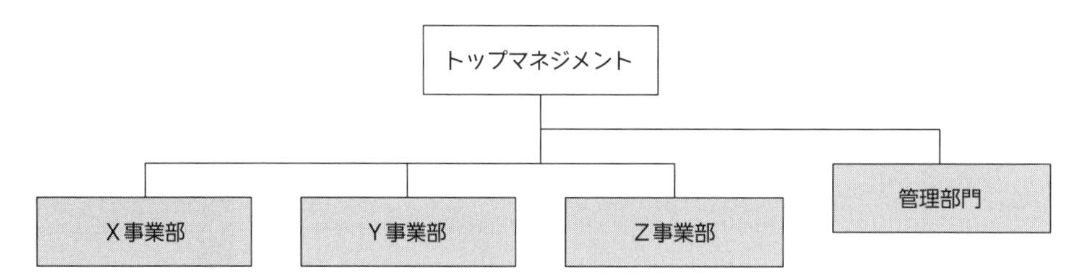

(2) 事業部制組織

事業部制組織とは、トップマネジメントの下位部門が、製品分野別、地域別、顧客別などの部門にしたがって編成され、それぞれの**事業部が事業遂行に必要な職能部門をもつ組織形態**である。

事業部制組織においては、意思決定権限が組織区分単位に分散（分権的組織）していることが多く、事業部長には原価責任や収益責任を個別的に負わせるのではなく、包括的な権限を与え、**利益責任や投資責任を負わせる**。また、**各事業部は自己充足性が高く(※)、事業部間の相互依存性が低い**ため、他事業部と切り離して評価することができる。

※　自己充足性が高いとは、製造や販売といった職能を有し、他の組織単位とは関係なく日常業務を遂行できることをいう。

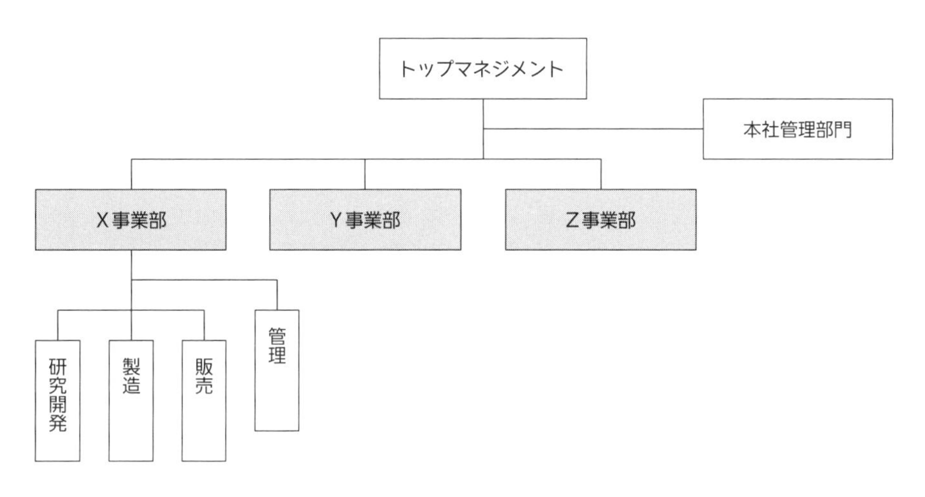

3 事業部別損益計算書

事業部別損益計算書とは事業部の業績を評価するために作成される損益計算書である。事業部別損益計算書は、例えば以下のように作成される。

事業部別損益計算書

売上高	×××
差引、変動費	×××
貢献利益	×××
差引、管理可能個別固定費	×××
管理可能利益	×××
差引、管理不能個別固定費	×××
事業部別利益	×××
差引、本社費・共通費配賦額	×××
純利益	×××

(1) 固定費の分類について

事業部別損益計算書において、固定費は**事業部長にとっての管理可能性**の観点から管理可能費と管理不能費に分けられ、**事業部への追跡可能性**の観点から個別固定費と共通固定費に分けられる。この２つの分類を合わせると、固定費は以下のように分けることができる。

	管理可能	管理不能
追跡可能	管理可能個別固定費	管理不能個別固定費
追跡不能	—	管理不能共通固定費 (本社費・共通費)

(2) ４つの利益概念

事業部別損益計算書では、４つの利益が算定されるが、それぞれの利益概念は以下の通りである。

① 貢献利益

売上高から変動費を差し引いて算定される利益であり、**事業部の短期的な収益性**を示し、事業部長が操業度を決定する際に、直接的な指標となる利益概念である。なお、限界利益や売上差益と呼ばれることもある。

② 管理可能利益

貢献利益から管理可能個別固定費を差し引いて算定される利益であり、**事業部長の直接的な責任**を示す利益概念である。

③ 事業部利益

管理可能利益から管理不能個別固定費を差し引いて算定される利益であり、**事業部自体の収益性**を示す利益概念である。なお、事業部貢献利益や貢献利益と呼ばれることもある。

④ 純利益

事業部利益から本社費や共通費の配賦額を差し引いて算定される利益であり、**事業部を一つの企業とみなして評価する際に意味のある利益概念**である。③を貢献利益と呼ぶとき、④を事業部利益と呼ぶこともある。

■ 例題１　事業部別損益計算書の作成　重要度Ａ

甲事業部では製品Ｘを生産販売している。以下の資料に基づき、貢献利益、管理可能利益、事業部利益、及び純利益を求めなさい。

１．製品Ｘの原価データ

変動製造原価	製造固定費	変動販売費	固定販売費
@200円/個	200,000円	@50円/個	100,000円

２．生産・販売データ

販売価格	生産・販売数量
@500円/個	2,000個

３．その他

(1)　製造固定費及び固定販売費の20％が本社費・共通費の配賦額である。

(2)　個別固定費のうち、40％が事業部長にとって管理不能である。

■ 解答解説

事業部別損益計算書

売上高	1,000,000
変動売上原価	400,000
変動販売費	100,000
貢献利益	500,000
管理可能個別固定費	144,000
管理可能利益	356,000
管理不能個別固定費	96,000
事業部別利益	260,000
本社費・共通費配賦額	60,000
純利益	200,000

(1)　売上高：@500円/個×2,000個＝1,000,000円

(2)　変動売上原価：@200円/個×2,000個＝400,000円

(3)　変動販売費：@50円/個×2,000個＝100,000円

(4)　貢献利益：1,000,000円－400,000円－100,000円＝500,000円

(5)　個別固定費：(200,000円＋100,000円)×80％＝240,000円

(6)　管理可能個別固定費：240,000円×60％＝144,000円

(7)　管理可能利益：500,000円－144,000円＝356,000円

(8)　管理不能個別固定費：240,000円×40％＝96,000円

(9)　事業部別利益：356,000円－96,000円＝260,000円

(10)　本社費・共通費配賦額：(200,000円＋100,000円)×20％＝60,000円

(11)　純利益：260,000円－60,000円＝200,000円

第２節　事業部の業績評価

1　業績評価の対象

事業部の業績評価には、事業部長の業績評価と事業部自体の業績評価があり、両者を区別する点に注意すること。

評価対象	業績比較方法	業績評価の概念
事業部長	事業部長が、事業部ごとに設定された予算をどの程度達成できたかで評価する。	管理可能性を重視する
事業部自体	事業部が、他事業部や他企業と比較して、どれほど全社業績の向上に貢献したかで評価する。	追跡可能性を重視する

2　投資利益率（ＲＯＩ）と残余利益（ＲＩ）

投資センターとしての事業部には、包括的な意思決定権限が委譲されている。ここで、投資額を大きくすれば利益額が大きくなるのは当然であり、投資額を無視した利益額の業績評価尺度では不十分である。投資額を考慮した業績評価尺度としては、**投資利益率（ＲＯＩ）**と**残余利益（ＲＩ）**がある。

⑴　投資利益率（Return On Investment：ROI）

①　計算式

$$投資利益率 = \frac{利益}{投資額} \times 100$$

②　メリットとデメリット

メリット	・売上高利益率×資本回転率に分解することで原因分析が可能。 ・収益性を％で示すので、企業内部における他の事業部や外部の他企業とも規模に関係なく比較できる。
デメリット	・事業部長の行動が利益額の増大よりも利益率の増大に向かう。 →全社的な利害に反してしまう恐れがある。（＝事業部の利益率の増大がかえって全社利益を減少させる）

⑵　残余利益（Residual Income：RI）

①　計算式

残余利益 ＝ 利益 － 投資額 × 資本コスト率

② メリットとデメリット

メリット	・背後にある投資額を考慮しつつ、利益額の増大といった全社的利益との整合性も保てる。
デメリット	・利益額で評価するため、規模の異なる事業部間の比較が困難である。

3 事業部長の業績評価

(1) 事業部長の業績評価尺度

事業部長の業績評価は、**事業部長の目標整合性を確保するための動機付けを目的**として行われる。そして、事業部長を適切に動機付けるためには**管理可能な尺度を用いることが重要**である。そのため、投資センターとしての事業部長の業績評価指標の計算には、**管理可能利益**と**管理可能投資額**を用いるのが適切である。

① 管理可能投下資本利益率（Return On Investment：ROI）

$$管理可能投下資本利益率 = \frac{管理可能利益}{管理可能投資額} \times 100$$

② 管理可能残余利益（Residual Income：RI）

$$管理可能残余利益 = 管理可能利益 - 管理可能投資額 \times 資本コスト率$$

(2) ＲＯＩかＲＩか

事業部長の業績は、予算と実績を比較し、事業部長が予算をどの程度達成できたかで評価する。この際に、事業部長の業績評価指標を**ＲＯＩによって評価**すると、事業部長はＲＯＩの増大に関心が向いてしまい、**全社的利害に反する行動（部分最適化）を誘発するおそれ**がある。よって、**事業部長の業績評価指標としてはＲＩのほうが優れている**といえる。

具体例

	現　状	新規投資案	合　計
利益	100万円	50万円	150万円
投資額	500万円	400万円	900万円
ＲＯＩ	20%	12.5%	16.7%
ＲＩ	50万円	10万円	60万円

※　資本コスト率10%で計算している。

上記の新規投資案は、資本コストを回収して、全社的な業績向上に貢献する投資案である。

しかし、事業部長の業績評価指標にＲＯＩを用いる場合、ＲＯＩが悪化するため、事業部長は新規投資案は採用せず、全社的な意思決定と反する行動をする。

一方、事業部長の業績評価指標にＲＩを用いる場合、ＲＩが増加するため、事業部長は新規投資案を採用し、全社的な意思決定と整合的な行動となる。

4 事業部自体の業績評価

(1) 事業部自体の業績評価尺度

事業部の業績評価は、**トップマネジメントに対して意思決定に役立つ事業部の収益性情報を提供するため**に行われる。そして、事業部の収益性を正確に把握するためには、**追跡可能性が重要**である。そのため、投資センターとしての事業部自体の業績評価指標の計算には、**事業部利益**と**事業部投資額**を用いるのが適切である。

① 事業部投下資本利益率（Return On Investment：ROI）

$$事業部投下資本利益率 = \frac{事業部利益}{事業部投資額} \times 100$$

② 事業部残余利益（Residual Income：RI）

事業部残余利益 ＝ 事業部利益 － 事業部投資額 × 資本コスト率

(2) ＲＯＩかＲＩか

事業部自体の業績は、当該事業部が他事業部や他企業と比較して、どれほど全社業績の向上に貢献したかで評価する。この際に、事業部長の業績評価を行うわけではないから、**部分最適化行動のおそれを考慮する必要性はなく、むしろ投資規模の相違に関係なく比較することができるかが重要**である。よって、事業部自体の業績評価指標としてはＲＯＩのほうが優れているといえる。

<まとめ>

	事業部長の業績評価	事業部自体の業績評価
業績評価の目的	事業部長の目標整合性を確保するための動機付け	トップマネジメントの意思決定に役立つ事業部の収益性情報の提供
業績評価の概念	管理可能性	追跡可能性
業績比較方法	予算と実績の比較	他事業部や他企業との比較（※）
業績評価指標	ＲＯＩ：×　部分最適化のおそれ有り Ｒ　Ｉ：○　部分最適化のおそれ無し	ＲＯＩ：○　比較が容易 Ｒ　Ｉ：×　比較が困難

※　目標投下資本利益率や全社的資本コスト率と比較することもある。

■ 例題2　事業部の業績評価①

重要度A

以下の資料に基づき、各問に答えなさい。

1．甲事業部の損益計算書　(単位：円)

売上高	1,000,000
変動売上原価	400,000
変動販売費	100,000
貢献利益	500,000
管理可能個別固定費	144,000
管理可能利益	356,000
管理不能個別固定費	96,000
事業部別利益	260,000
本社費・共通費配賦額	60,000
純利益	200,000

2．甲事業部の総投資額：2,000,000円（内、576,000円は甲事業部長にとって管理不能である。）

3．資本コスト率は10%である。

問1　事業部長の業績評価指標として適切なROIとRIを求めなさい。

問2　事業部自体の業績評価指標として適切なROIとRIを求めなさい。

■ 解答解説

問1

(1)　管理可能投下資本利益率（ROI）

管理可能投資額：2,000,000円－576,000円＝1,424,000円

管理可能投下資本利益率：356,000円÷1,424,000円×100＝25%

(2)　管理可能残余利益（RI）

356,000円－1,424,000円×10%＝213,600円

問2

(1)　事業部投下資本利益率（ROI）

260,000円÷2,000,000円×100＝13%

(2)　事業部残余利益（RI）

260,000円－2,000,000円×10%＝60,000円

5 本社費・共通費の配賦

本社費・共通費の配賦の是非

伝統的な管理会計理論においては、以下の理由により、事業部に本社費・共通費を配賦するべきではないとされてきた。

配賦すべきでない理由	
	① 本社費・共通費は事業部長にとって管理不能である。
	② 事業部にとって追跡不能であり、配賦計算に恣意性が介入するおそれがある。

しかし、実務においては本社費・共通費を事業部に配賦するのが一般的である。その理由は以下のとおりである。

配賦すべきとする理由	
	① 独立の会社に近づけることができ、同業他社との業績比較を可能にする。
	② 本社費に関して事業部から牽制が働き、これらの支出が抑制される。
	③ 事業部長に対し、本社費も回収しなければならないコストであると認識させる。

ただし、本社費等を配賦する場合であっても、本社費等の配賦によって各事業部や事業部長の責任が不明確になることや、業績評価に曖昧さや不公正さが混入することは避けなければならない。そのためには、本社費等を費目ごとあるいは同質的な費目群ごとに細かく配賦する等の**活動基準原価計算（ＡＢＣ）の思考を導入し、より正確に本社費等を各事業部に帰属させることが合理的な利益管理を遂行する上で重要**となる。

■ 例題3　事業部の業績評価②

当社は事業部制を採用しており、事業部Xと事業部Yを有している。事業部Xでは製品Aを、事業部Yでは製品Bの製造販売を行っている。以下の資料に基づき、各問に答えなさい。なお、計算上端数が生じた場合には金額の場合は円未満を、%の場合には小数点以下第3位を四捨五入すること。

1．各製品に関する資料

	製品A	製品B
単位当たり販売価格	2,000円/個	1,000円/個
単位当たり変動製造原価	600円/個	400円/個
単位当たり変動販売費	100円/個	100円/個
販売数量	4,000個	6,000個

2．固定費に関する資料

(1)　製品Aの個別固定費が、製造原価が2,000,000円、販管費が1,000,000円発生する。

(2)　製品Bの個別固定費が、製造原価が1,000,000円、販管費が500,000円発生する。

(3)　事業部XとYに共通して、固定製造原価が1,500,000円、販管費が1,792,000円発生する。

(4)　共通固定費は、製造原価については販売数量で、販管費については売上高に基づき各事業部に配賦することとする。

(5)　個別固定費は、製造原価では80%が、販管費では60%が各事業部長にとって管理可能である。

3．その他のデータ

(1)　各事業部の投下資本は事業部Xでは、20,000,000円、事業部Yでは12,000,000円であり、このうち70%が各事業部長にとって管理可能である。

(2)　当社の資本コストは10%である。

(3)　法人税については無視してよい。

問1　事業部別損益計算書を作成しなさい。ただし、限界利益、管理可能営業利益、事業部貢献利益、事業部純利益の4つの利益概念を含めること。ここでいう事業部純利益とは共通費配賦後の利益である。　重要度A

問2　各事業部についてROI、及びRIを求めなさい。ここでいうROIとは事業部長の管理可能性に即した投資利益率であり、RIとは事業部への追跡可能性に即した残余利益である。　重要度A

問3　問1では事業部Yについて事業部純利益がマイナスとなっているが、事業部Yを廃止するべきか否か、答えなさい。　重要度B

■ 解答解説

問1

		事業部X	事業部Y	合計
Ⅰ	売上高	8,000,000	6,000,000	14,000,000
Ⅱ	変動製造原価	2,400,000	2,400,000	4,800,000
	変動製造マージン	5,600,000	3,600,000	9,200,000
Ⅲ	変動販売費	400,000	600,000	1,000,000
	限界利益	5,200,000	3,000,000	8,200,000
Ⅳ	管理可能個別固定費	2,200,000	1,100,000	3,300,000
	管理可能営業利益	3,000,000	1,900,000	4,900,000
Ⅴ	管理不能個別固定費	800,000	400,000	1,200,000
	事業部貢献利益	2,200,000	1,500,000	3,700,000
Ⅵ	共通固定費	1,624,000	1,668,000	3,292,000
	事業部純利益	576,000	－168,000	408,000

(1) 管理可能個別固定費

事業部X：2,000,000円×80％＋1,000,000円×60％＝2,200,000円

事業部Y：1,000,000円×80％＋500,000円×60％＝1,100,000円

(2) 管理不能個別固定費

事業部X：2,000,000円×（1－80％）＋1,000,000円×（1－60％）＝800,000円

事業部Y：1,000,000円×（1－80％）＋500,000円×（1－60％）＝400,000円

(3) 共通固定費配賦額

① 共通製造固定費

事業部X：1,500,000円÷（4,000個＋6,000個）×4,000個＝600,000円

事業部Y：1,500,000円÷（4,000個＋6,000個）×6,000個＝900,000円

② 共通販管費

事業部X：1,792,000円÷（8,000,000円＋6,000,000円）×8,000,000円＝1,024,000円

事業部Y：1,792,000円÷（8,000,000円＋6,000,000円）×6,000,000円＝768,000円

③ 合計

事業部X：600,000円＋1,024,000円＝1,624,000円

事業部Y：900,000円＋768,000円＝1,668,000円

問2

(1) 管理可能投資額

事業部X：20,000,000円×70％＝14,000,000円

事業部Y：12,000,000円×70％＝8,400,000円

(2) ＲＯＩ（管理可能投下資本利益率）

事業部X：3,000,000円÷14,000,000円×100≒21.43％

事業部Y：1,900,000円÷8,400,000円×100≒22.62％

(3) ＲＩ（残余利益）

事業部X：2,200,000円－20,000,000円×10％＝200,000円

事業部Y：1,500,000円－12,000,000円×10％＝300,000円

問3

残余利益がプラスであり、全社的利益の獲得に貢献しているため、当該事業部を廃止するべきではない。

【別解】

事業部貢献利益がプラスであり、全社的利益の獲得に貢献しているため、当該事業部を廃止するべきでない。

本問においては資本コスト率と投資額が与えられており、事業部を投資センターとして事業部を評価することが求められていると解釈できる。

しかし、資本コスト率や投資額が与えられておらず、事業部を利益センターとして評価するのであれば、事業部Yについては、事業部貢献利益がプラスである以上、共通固定費を回収して全社的利益を獲得するために貢献していると考えられるため、【別解】のような記述も考えられる。

なお、どちらの解答で記述するべきかは、事業部をどのような責任センターとして捉えているかで判断すること。

第3節　内部振替価格

1 内部振替価格の意義・設定目的

(1) 意義

各事業部の活動は完全に独立しているわけではなく、相互に依存関係にあり、ある事業部間で振替取引が行われることがある。この際に、供給事業部から受入事業部へ引き渡す価格を内部振替価格という。なお、事業部間で振替取引が行われる振替製品は、中間製品だけでなく最終製品も含まれる。

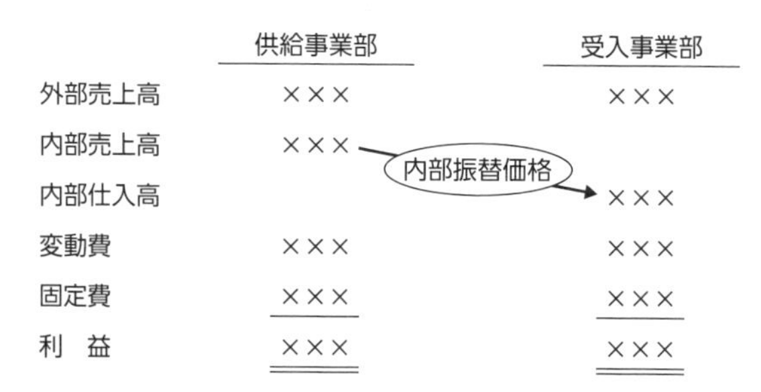

(2) 設定目的

内部振替価格の設定目的は以下の２つである。

業績評価	内部振替価格は、供給事業部では売上高となり、受入事業部では仕入原価となり、それぞれ事業部利益の計算を構成するため、利益センターとしての各事業部の業績を適切に評価するために内部振替価格が必要となる。
意思決定	振替品に関する各事業部（特に受入事業部）の意思決定が、全社的な意思決定と矛盾しないように、計算価格としての内部振替価格が必要となる。

2 内部振替価格の種類

(1) 決定基準

内部振替価格の決定基準は、大きく分けて市価基準と原価基準に分けることができ、それぞれについて様々な種類がある。

決定基準			内部振替価格
市価基準	単純市価基準		市価
	市価差引基準		市価－内部振替では不要となる販売諸経費
原価基準	単一価格基準	全部原価基準	単位当たり総原価
		全部原価加算基準	単位当たり総原価＋利益
		差額原価基準	単位当たり差額原価
		差額原価加算基準	単位当たり差額原価＋利益
	二重価格基準		両事業部で異なる振替価格を適用する

※　差額原価基準は、変動費基準や限界原価基準とも呼ばれる。

※　原価加算基準は協定価格基準とも呼ばれる。

(2) 設定目的と決定基準の関係

内部振替価格の設定目的と望ましい決定基準の関係をまとめると以下のようになる。

決定基準	業績評価	意思決定	
		遊休生産能力無し	遊休生産能力有り
市価基準	○	○	×
差額原価基準	×	×	○
全部原価基準	×	×	
差額原価加算基準	○	×	○
全部原価加算基準	○	×	
二重価格基準	○	×	○

3 市価基準の適用

市価基準は、外部競争市場が存在し、その市価が利用できる場合には、業績測定のためにも意思決定のためにも最良の振替価格であるといわれる。

(1) 業績評価の観点

市価基準によった場合、**内部振替**をした場合と**外部取引**をした場合で、どちらも**同様の利益額**が得られる。すなわち、各事業部の業績を**独立企業のように評価できる**のである。

(2) 意思決定の観点

市価基準が意思決定に役立つためには、**供給事業部に遊休生産能力がないことが前提**となる。遊休生産能力がない場合、**市価が振替品の価値（機会原価）を示すため**である。一方、遊休生産能力がある場合には、市価が振替品の価値（機会原価）を示さず、この場合には差額原価基準が適切な基準となる。

具体例 供給事業部に遊休生産能力がない(完全操業状態)場合

1．甲事業部では部品Xを生産能力の限界まで生産しており、乙事業部にも外部にも販売することができる。部品X１個当たりの市価は@120円であり、単位あたり変動費は@50円である。
2．乙事業部では製品Yを個別受注生産している。製品Yは部品Xを加工することで生産される。部品Xを製品Yにするための単位当たり変動費は@50円である。
3．現在、乙事業部には製品Yの追加注文が入ったところである。

＜製品Ｙの追加注文の販売価格が@140円である場合＞

	甲事業部(供給)	乙事業部(受入)	全　社
外部売上高	－@120円	＋@140円	＋@　20円
内部売上高	＋@120円		
内部仕入高		－@120円	
変動費		－@　50円	－@　50円
利益	±０円	－@　30円	－@　30円

【意思決定】○
追加注文を受注した場合、乙事業部は損失を被ることから、追加注文を受注しないという意思決定を行う。これにより、部品Xは乙事業部に振り替えられずに外部に販売されることになる。このように、市価基準によれば、市価が部品Xの価値を適切に示し、機会原価(外部に販売した場合)を反映しているため、全社的に望ましい意思決定を行うことができる。

＜製品Ｙの追加注文の販売価格が@200円である場合＞

	甲事業部(供給)	乙事業部(受入)	全　社
外部売上高	－@120円	＋@200円	＋@　80円
内部売上高	＋@120円		
内部仕入高		－@120円	
変動費		－@　50円	－@　50円
利益	±０円	＋@　30円	＋@　30円

【意思決定】○
追加注文を受注した場合、乙事業部は利益を得ることから、追加注文を受注するという意思決定を行う。これにより、部品Xは外部販売されずに乙事業部に振り替えられることになる。このように、市価基準によれば、市価が部品Xの価値を適切に示し、機会原価(外部に販売した場合)を反映しているため、全社的に望ましい意思決定を行うことができる。

【業績評価】○
各事業部の業績は独立の会社と同様に評価されることになる。

具体例 供給事業部に遊休生産能力がある(不完全操業状態)場合

1. 甲事業部では部品Xを生産しており、乙事業部にも外部にも販売することができる。部品X1個当たりの市価は@120円であり、単位あたり変動費は@50円である。なお、甲事業部には十分な遊休生産能力がある。
2. 乙事業部では製品Yを個別受注生産している。製品Yは部品Xを加工することで生産される。部品Xを製品Yにするための単位当たり変動費は@50円である。
3. 現在、乙事業部には製品Yを@140円で購入したいとの追加注文が入ったところである。

<部品Xを市価で振り替える場合>

	甲事業部(供給)	乙事業部(受入)	全　社
外部売上高		＋@140円	＋@140円
内部売上高	＋@120円		
内部仕入高		－@120円	
変動費	－@ 50円	－@ 50円	－@100円
利益	＋@ 70円	－@ 30円	＋@ 40円

【意思決定】 ×

追加注文を受注した場合、乙事業部は損失を被ることから、追加注文を受注しないという意思決定を行う。これにより、部品Xはそもそも追加で生産されないことになる。しかし、全社的には利益が増加する取引であり、遊休生産能力がある場合には、市価が部品Xの価値を適切に示さず、全社的に望ましい意思決定を行うことができない。この場合、部品Xの価値を適切に示すのは差額原価である。

■ 例題４　内部振替価格～市価基準～

重要度Ｂ

当社では、２つの事業部（事業部Ｐ、事業部Ｑ）を用いて、製品ｘの製造販売を行っている。事業部Ｐでは、部品ｘを製造しており、これを外部販売するか、もしくは事業部Ｑに販売している。事業部Ｑでは、事業部Ｐで製造した部品ｘを振り替え製品ｘを製造している。よって、以下の資料に基づき、各問に答えなさい。

１．事業部Ｐおよび部品ｘに関する資料

(1)　部品ｘの変動製造原価は1,000円／個である。

(2)　固定製造原価が3,000,000円発生している。なお、当期の基準操業度は部品ｘ 10,000個である。

(3)　部品ｘの販売には100円／個の変動販売費が発生する。なお、内部振替取引をする際にも変動販売費は発生するものとする。また、固定販管費が1,500,000円発生している。

(4)　部品ｘの市場価格は2,000円／個である。

(5)　事業部Ｐの生産能力は部品ｘ 10,000個である。

２．事業部Ｑおよび製品ｘに関する資料

(1)　製品ｘ１個を製造するには、部品ｘ２個を必要とする。

(2)　部品ｘを除く、製品ｘの変動製造原価は2,500円／個である。

(3)　固定製造原価が4,800,000円発生している。

(4)　製品ｘの販売には200円／個の変動販売費が発生する。また、固定販管費が1,200,000円発生している。

(5)　製品ｘの販売数量は3,000個である。

(6)　製品ｘの市場価格は10,000円／個である。

(7)　事業部Ｑの生産能力は製品ｘ 5,000個である。

問１　内部振替価格を市価基準によって設定する場合、両事業部の営業利益を算定しなさい。

問２　仮に、変動販売費が内部振替取引の際には生じない場合、市価差引基準によって両事業部の営業利益を算定しなさい。

問３　上記資料に加え、Ａ社から「製品ｘを8,000円／個で2,000個購入したい」という申し出がある場合に、これを受けた場合の各事業部の利益増加額および全社的な利益増加額を計算しなさい。ただし、変動販売費はＡ社に対しても200円／個発生する。なお、内部振替価格は市価基準を用いることとする。

■ 解答解説

問1　事業部別P／L（単位：円）

	事業部P	事業部Q	合　計
外部売上高	8,000,000	30,000,000	38,000,000
内部売上高	12,000,000	—	—
内部仕入高	—	12,000,000	—
変動費	11,000,000	8,100,000	19,100,000
限界利益	9,000,000	9,900,000	18,900,000
固定費	4,500,000	6,000,000	10,500,000
営業利益	4,500,000	3,900,000	8,400,000

(1)　各事業部の外部・内部販売数量について

	内部販売	外部販売
事業部P	部品6,000個	部品4,000個
事業部Q	—	製品3,000個

(2)　事業部P

①　外部売上高：@2,000円／個×4,000個＝8,000,000円

②　内部売上高：@2,000円／個×6,000個＝12,000,000円

③　変動費：(@1,000円／個＋@100円／個)×10,000個＝11,000,000円

④　固定費：3,000,000円＋1,500,000円＝4,500,000円

(3)　事業部Q

①　外部売上高：@10,000円／個×3,000個＝30,000,000円

②　変動費：(@2,500円／個＋@200円／個)×3,000個＝8,100,000円

③　固定費：4,800,000円＋1,200,000円＝6,000,000円

問2　事業部別P／L（単位：円）

	事業部P	事業部Q	合　計
外部売上高	8,000,000	30,000,000	38,000,000
内部売上高	11,400,000	—	—
内部仕入高	—	11,400,000	—
変動費	10,400,000	8,100,000	18,500,000
限界利益	9,000,000	10,500,000	19,500,000
固定費	4,500,000	6,000,000	10,500,000
営業利益	4,500,000	4,500,000	9,000,000

(1) 事業部P

① 内部売上高：(@2,000円/個－@100円/個) ×6,000個＝11,400,000円

② 変動費：(@1,000円/個＋@100円/個) ×4,000個＋@1,000円/個×6,000個＝10,400,000円

(2) 事業部Q

① 外部売上高：@10,000円/個×3,000個＝30,000,000円

② 変動費：(@2,500円/個＋@200円/個) ×3,000個＝8,100,000円

③ 固定費：4,800,000円＋1,200,000円＝6,000,000円

問3 増分P/L (単位：円)

	事業部P	事業部Q	合　計
外部売上高	－8,000,000	＋16,000,000	＋8,000,000
内部売上高	＋8,000,000	—	—
内部仕入高	—	－8,000,000	—
変動費	±0	－5,400,000	－5,400,000
限界利益	±0	＋2,600,000	＋2,600,000

(1) 各事業部の外部・内部販売数量について

	内部販売	外部販売
事業部P	＋4,000個	－4,000個
事業部Q	—	＋2,000個 (A社)

(2) 事業部P

① 外部売上高の減少額：@2,000円/個×4,000個＝8,000,000円

② 内部売上高の増加額：@2,000円/個×4,000個＝8,000,000円

(3) 事業部Q

① 外部売上高の増加額：@8,000円/個×2,000個＝16,000,000円

② 変動費の増加額：(@2,500円/個＋@200円/個) ×2,000個＝5,400,000円

4 原価基準の適用

内部振替価格は市価基準によるのが望ましい。しかし、以下の理由により原価基準を用いる場合も考えられる。

① 供給事業部に遊休生産能力がある

② 市価が入手できない、ないし市価を入手するのにコストがかかりすぎる

具体例 供給事業部に遊休生産能力がある(不完全操業状態)場合

1. 甲事業部では部品Xを生産しており、乙事業部にも外部にも販売することができる。部品X単位あたり標準変動費は@50円、単位当たり標準固定費は@50円である。なお、甲事業部には十分な遊休生産能力がある。
2. 乙事業部では製品Yを個別受注生産している。製品Yは部品Xを加工することで生産される。部品Xを製品Yにするための単位当たり変動費は@50円である。
3. 現在、乙事業部には製品Yを@140円で購入したいとの追加注文が入ったところである。

<部品Xを差額原価で振り替える場合>

	甲事業部(供給)	乙事業部(受入)	合　計
外部売上高		+@140円	+@140円
内部売上高	+@ 50円		
内部仕入高		−@ 50円	
変動費	−@ 50円	−@ 50円	−@100円
貢献利益	± 0円	+@ 40円	+@ 40円

【意思決定】 ○

追加注文を受注した場合、乙事業部は利益を得ることから、追加注文を受注するという意思決定を行う。これにより、部品Xは乙事業部に振り替えられることになる。このように、遊休生産能力がある場合には、差額原価が部品Xの価値を適切に示しているため、全社的に望ましい意思決定を行うことができる。

【業績評価】 ×

供給事業部の貢献利益がゼロとなり、追加注文により生じる利益はすべて乙事業部に帰属してしまう。

<部品Xを全部原価で振り替える場合>

	甲事業部(供給)	乙事業部(受入)	全　社
外部売上高		+@140円	+@140円
内部売上高	+@100円		
内部仕入高		−@100円	
変動費	−@ 50円	−@ 50円	−@100円
固定費	−@ 50円		—※
利益	± 0円	−@ 10円	+@ 40円

※　操業度が増加しても全社的に固定費は増加しない。

【意思決定】×

追加注文を受注した場合、乙事業部は損失を被ることから、追加注文を受注しないという意思決定を行う。これにより、部品Xはそもそも生産されないことになる。しかし、全社的には利益が増加する取引であり、全部原価基準によった場合、意思決定を誤ってしまう可能性がある。

【業績評価】×

供給事業部の利益がゼロとなり、甲事業部は単なる原価センターとしての存在になってしまう。

<部品Xを差額原価加算基準で振り替える場合>

	甲事業部（供給）	乙事業部（受入）	全　社
外部売上高		＋@140円	＋@140円
内部売上高	＋@ 70円		
内部仕入高		−@ 70円	
変動費	−@ 50円	−@ 50円	−@100円
貢献利益	＋@ 20円	＋@ 20円	＋@ 40円

※　全社的な利益の増加額を変動費を基準に各事業部に配分している。

【業績評価】○

両事業部に利益が生じ、利益センターとして評価が可能となる。

■ 例題5　内部振替価格～原価基準～

重要度B

当社では、2つの事業部（事業部P、事業部Q）を用いて、製品xの製造販売を行っている。事業部Pでは、部品xを製造しており、これを事業部Qに販売している。事業部Qでは、事業部Pで製造した部品xを振り替え製品xを製造している。よって、以下の資料に基づき、各問に答えなさい。

1．事業部Pおよび部品xに関する資料

(1)　部品xの標準変動製造原価は1,000円/個、標準固定製造原価は500円/個である。

(2)　事業部Pの生産能力は部品x 10,000個である。当期の基準操業度は部品x 6,000個である。

2．事業部Qおよび製品xに関する資料

(1)　製品x 1個を製造するには、部品x 2個を必要とする。

(2)　部品xを除く、製品xの標準変動製造原価は2,500円/個である。

(3)　固定製造原価が4,800,000円発生している。

(4)　製品xの販売には200円/個の変動販売費が発生する。また、固定販管費が1,200,000円発生している。

(5)　製品xの販売数量は3,000個である。

(6)　製品xの市場価格は10,000円/個である。

(7)　事業部Qの生産能力は製品x 5,000個である。

問1　内部振替価格を差額原価基準によって設定する場合、両事業部の営業利益を算定しなさい。

問2　内部振替価格を全部原価基準によって設定する場合、両事業部の営業利益を算定しなさい。

問3　上記資料に加え、A社から「製品xを6,000円/個で2,000個購入したい」という申し出がある場合に、これを受けた場合の各事業部の利益増加額および全社的な利益増加額を計算しなさい。ただし、変動販売費はA社に対しても@200円/個発生する。なお、内部振替価格は差額原価基準を用いることとする。

■ 解答解説

問1　事業部別P/L（単位：円）

	事業部P	事業部Q	合　計
外部売上高		30,000,000	30,000,000
内部売上高	6,000,000	—	—
内部仕入高	—	6,000,000	—
変　動　費	6,000,000	8,100,000	14,100,000
限界利益	0	15,900,000	15,900,000
固　定　費	3,000,000	6,000,000	9,000,000
営業利益	−3,000,000	9,900,000	6,900,000

(1) 各事業部の外部・内部販売数量について

	内部販売	外部販売
事業部P	部品6,000個	—
事業部Q	—	製品3,000個

(2) 事業部P

① 内部売上高：@1,000円/個×6,000個＝6,000,000円

② 変動費：@1,000円/個×6,000個＝6,000,000円

③ 固定費：@500円/個×6,000個＝3,000,000円

(3) 事業部Q

① 外部売上高：@10,000円/個×3,000個＝30,000,000円

② 変動費：(@2,500円/個＋@200円/個) ×3,000個＝8,100,000円

③ 固定費：4,800,000円＋1,200,000円＝6,000,000円

問2 事業部別P/L (単位：円)

	事業部P	事業部Q	合　計
外部売上高		30,000,000	30,000,000
内部売上高	9,000,000	—	—
内部仕入高	—	9,000,000	—
変動費	6,000,000	8,100,000	14,100,000
限界利益	3,000,000	12,900,000	15,900,000
固定費	3,000,000	6,000,000	9,000,000
営業利益	0	6,900,000	6,900,000

(1) 事業部P

① 内部売上高：(@1,000円/個＋@500円/個) ×6,000個＝9,000,000円

② 変動費：@1,000円/個×6,000個＝6,000,000円

③ 固定費：@500円/個×6,000個＝3,000,000円

(2) 事業部Q

① 外部売上高：@10,000円/個×3,000個＝30,000,000円

② 変動費：(@2,500円/個＋@200円/個) ×3,000個＝8,100,000円

③ 固定費：4,800,000円＋1,200,000円＝6,000,000円

問3 増分P/L (単位：円)

	事業部P	事業部Q	合　計
外部売上高		＋12,000,000	＋12,000,000
内部売上高	＋4,000,000	—	—
内部仕入高	—	− 4,000,000	—
変動費	−4,000,000	− 5,400,000	− 9,400,000
限界利益	0	＋ 2,600,000	＋ 2,600,000

⑴　各事業部の外部・内部販売数量について

	内部販売	外部販売
事業部P	＋4,000個	―
事業部Q	―	＋2,000個

⑵　事業部P

①　内部売上高の増加額：@1,000円/個×4,000個＝4,000,000円

②　変動費の増加額：@1,000円/個×4,000個＝4,000,000円

⑶　事業部Q

①　外部売上高の増加額：@6,000円/個×2,000個＝12,000,000円

②　変動費の増加額：（@2,500円/個＋@200円/個）×2,000個＝5,400,000円

第４節　経済付加価値（Economic Value added：EVA®）

経済付加価値（ＥＶＡ®）は、スターン・スチュワート社の登録商標である。なお、本テキストにおいて、以降は®マークを省略する。

1　経済付加価値（ＥＶＡ）の計算式

ＥＶＡは残余利益の一種であり、以下のように計算される。

EVA ＝ NOPAT － 資本コスト額
　　＝ NOPAT － WACC × 使用資本

※　ＮＯＰＡＴ≒税引後営業利益　　※　ＷＡＣＣ＝加重平均資本コスト
※　使用資本≒有利子負債＋株主資本

2　業績評価指標としてのＥＶＡ

(1)　ＥＶＡにより業績評価をするメリット

細かい調整項目を除けば、ＥＶＡは「売上－営業費用－税金－資本コスト」と表すことができる。投資家が要求する報酬を上回る利益を稼ぎ出して初めて価値を創り出したといえる。そのため、ＥＶＡは**企業価値創造に直結した利益**を意味する。

よって、ＥＶＡを業績評価指標として用いることで、以下のようなメリットが得られる。

メリット	ＥＶＡは債権者・株主が要求する資本コストを上回る利益を要求しており、投資効率だけでなく利益額の改善による長期的な観点からの経営を動機付けることができる。
	ＥＶＡを報酬制度と結びつけることで役員や従業員はＥＶＡの向上を目指すため、投資家と利害が一致し、同様の立場に立って行動することができるようになる。

(2)　伝統的な残余利益による業績評価との相違点

ＥＶＡは残余利益の発展形態であると説明されることもあるが、伝統的な残余利益（管理可能残余利益）との最も基本的な相違点は、**株主をはじめとする企業外部への財務報告や企業評価を重視した指標**という点である。それは、株主に帰属する金額である**税引後の利益**を用いていることや**資本資産評価モデル**で導出した株主資本コストを用いていることに現れている。

	伝統的な残余利益（管理可能残余利益）	ＥＶＡ
ベースとなる利益の金額	税引前管理可能営業利益	税引後営業利益
ベースとなる投資額	管理可能投資額	事業部使用資本
資本コスト率	税引前目標投下資本利益率	税引後ＷＡＣＣ
管理可能性	重視している	—
企業外部への財務報告	—	重視している

■例題６　ＥＶＡ

重要度Ｃ

当社は現在×０年度末を迎えており、現在時点における企業価値を算定しようとしている。以下の資料に基づいて、各問に答えなさい。

1．当社の貸借対照表（百万円）

売上債権	20,000	仕入債務	10,000
棚卸資産	10,000	有利子負債	40,000
固定資産	80,000	自己資本	60,000
	110,000		110,000

上記資本構成は長期的な財務方針と一致している。

2．当社の税引後投下資本利益率は18％、法人税率は40％である。

3．当社では、資本コスト率は資本資産評価モデル（ＣＡＰＭ）で計算している。有利子負債の利子率は税引後で３％であり、当社株式の期待収益率は10％であった。

4．当社の株式時価は60,000円である。

問１　当社のＥＶＡを算定しなさい。なお、ＥＶＡは以下の式により算定する。

ＥＶＡ　＝　税引後営業利益　－（有利子負債　＋　株主資本）×加重平均資本コスト

問２　以下は新規投資案に関する資料である。追加的な資金調達を行って当該新規投資案を実行するという前提のもと、当社の①税引後投下資本利益率、及び②ＥＶＡを求めなさい。

5．新規投資案について

投資額：50,000百万円　　税引後営業利益額：7,500百万円

■ 解答解説

問１

(1)　税引後営業利益

(40,000百万円＋60,000百万円：投下資本）×18％＝18,000百万円

(2)　加重平均資本コスト

３％(負債)×40,000百万円÷(40,000百万円＋60,000百万円)

＋10％(株主資本)×60,000百万円÷(40,000百万円＋60,000百万円)＝7.2％

(3)　ＥＶＡ

18,000百万円－(40,000百万円＋60,000百万円)×7.2％＝10,800百万円

問２

(1)　税引後営業利益

18,000百万円＋7,500百万円＝25,500百万円

(2)　投資額

40,000百万円＋60,000百万円＋50,000百万円＝150,000百万円

(3)　税引後投下資本利益率

25,500百万円÷150,000百万円＝17％・・・①

(4)　ＥＶＡ

25,500百万円－150,000百万円×7.2％＝14,700百万円・・・②

重要ポイント！！！

ＲＯＩで評価する場合、当該投資案の実行によりＲＯＩは減少するため当該投資案は棄却されるが、ＥＶＡで評価する場合、当該投資案の実行によりＥＶＡは増加するため、当該投資案は実行される。

索　引

アルファベット

ＣＶＰＣ分析……11
ＣＶＰ分析……2
ＩＥ（インダストリアル・エンジニアリング）法……5
ＪＩＴ生産方式（just-in-time system）……170
ＴＯＣ（theory of constraints：制約理論）……174
ＶＥ改善……160

あ

安全在庫……103
安全余裕率……15
意思決定会計……62
売上価格差異……34
売上原価価格差異……35
売上原価数量差異……35
売上数量差異……34
売上高差異……34
売上高利益率……11
売上品構成差異……49
売上品数量差異……49

か

会計期間……64
会計実体……64
回収期間法……124
開発リードタイムの短縮……157
外部失敗原価……166
価格低限……79
加算方式(積上げ方式)……159
加重平均資本コスト率（WACC）……114
活動(activity)……180
活動基準原価計算（Activity Based Costing：ＡＢＣ）…179
活動ドライバー……181
勘定あって銭足らず……56
勘定科目精査法（費目別精査法）……4
感度分析……23
カンバン方式……170
管理可能残余利益（Residual Income：RI）……191
管理可能性……188
管理可能投下資本利益率（Return On Investment：ROI）…191
管理可能投資額……191
管理可能費……188
管理可能利益……188, 191
管理不能費……188
関連原価……64
機会原価……65
期中統制……28
基本計画……63
共通固定費……188
許容原価……159
黒字倒産……56
経営資本営業利益率……11
経営レバレッジ係数……16
計画機能……28
経済的発注点……100
経済付加価値（ＥＶＡ）……210
限界利益……68
限界利益（貢献利益）……3
限界利益差異……37
限界利益図表……7
限界利益率……3
原価改善……158
原価管理（コスト・マネジメント）……158
原価企画……157, 158
原価基準……198
原価計算制度……63
現価係数……112
原価低減……157
原価統制（原価維持）……158
現金収支予算表……57
現在価値……112
現在価値指数法（収益性指数法）……118
減分原価……65
貢献利益……188
控除方式(割付方式)……159
高低点法……4
高品質の維持……157
項目別分析……34
コスト・ベース……74
コストドライバー(cost driver)……180
固定一般管理費差異……37
固定製造原価差異……37
固定的資本……13
固定販売費差異……37
固定費……68
固定費差異……36, 37
個別固定費……188
固変（原価）分解……4

さ

在庫維持コスト……101
最小自乗法（回帰分析法）……5

最適プロダクト・ミックス……81
差額原価……64
差額原価加算基準……198
差額原価基準……198
差額原価収益分析……66
差額収益……66
差額法……141
差額利益……66
残余利益（ＲＩ）……190
市価基準……198
市価差引基準……198
事業部残余利益（Residual Income：RI）……192
事業部自体……190
事業部制組織……187
事業部長……190
事業部投下資本利益率（Return On Investment：ROI）……192
事業部投資額……192
事業部別損益計算書……187
事業部利益……188, 192
資金管理……57
資金繰り表……57
資金予算（財務予算）……30
資源(resource)……180
資源ドライバー……181
自己資本コスト……114
事後統制……28
市場占拠率差異……47
市場総需要量差異……47
事前統制……28
資本回収係数……113
資本回転率……11
資本コスト……114
資本利益率……11
収益センター（レベニュー・センター）……186
修正モデル……168
純利益……188
使用コスト……164
商品企画……159
正味運転資本……136
正味現在価値法(ＮＰＶ)……116
将来価値……111
職能別組織……186
スキャッター・チャート法（ビジュアル・フィット法）……5
スループット……174
スループット会計……177
生産コスト……164
生産中止点売上高……106
制約条件……82
セールス・ミックス……18
責任会計……186
セグメント……106
折衷方式(統合方式)……160
戦術的意思決定……62
全部原価加算基準……198
全部原価基準……198
全部原価法……74
戦略的意思決定……62
総額法……140
総原価法……74
総合予算……30
相互排他的投資案の順位付け……126
総資本経常利益率……11
総投下資本利益率……126
増分原価……65
損益分岐図表……7
損益分岐点……7
損益分岐点売上高……7, 15
損益分岐点販売量……7
損益分岐点比率……15
損益分岐点分析……70
損益予算（業務予算）……30

た

タックス・シールド……130
他人資本コスト……114
単純市価基準……198
中間的原価計算対象(コストプール)……180
調整機能……28
追跡可能性……188
伝統的モデル……167
投下資本利益率法……126
投資センター（インベストメント・センター）……186
投資利益率（ＲＯＩ）……190
統制機能……28
特殊原価調査……63
独立投資案の採否……126
取替投資……139

な

内部失敗原価……166
内部振替価格……198
内部利益率法(ＩＲＲ)……120
成行原価……159
二重価格基準……198
年金現価係数……113
年平均利益……126

は

バックフラッシュ・コスティング……170
発注コスト……101
販売価格差異……37
販売量差異……37
引っ張り方式……170
非負条件……82

評価原価 ………… 166
費用センター（コスト・センター） ………… 186
品質原価 ………… 166
品質原価計算 ………… 166
品質適合原価（自発的原価） ………… 166
品質不適合原価（非自発的原価） ………… 166
部分原価法 ………… 74
部分最適化 ………… 191
部門予算案 ………… 31
平均投下資本利益率 ………… 126
平均投資額 ………… 126
変動売上原価差異 ………… 35
変動的資本 ………… 13
変動的資本比率 ………… 13
変動販売費価格差異 ………… 35
変動販売費差異 ………… 35
変動販売費数量差異 ………… 36
変動費 ………… 68
変動費差異 ………… 37
変動費率 ………… 3

ま

マーク・アップ率 ………… 75
マーケット・イン ………… 157
マーケット・ベース ………… 74
マーケットシェア分析 ………… 53
埋没原価 ………… 64
未来原価 ………… 64
無関連原価 ………… 64
目的関数 ………… 82
目標売上利益率達成売上高 ………… 9
目標営業利益（目標売上利益率）達成点 ………… 9
目標営業利益達成売上高 ………… 9
目標営業利益達成販売量 ………… 9
目標原価の設定 ………… 159

や

遊休生産能力 ………… 88
要因別分析 ………… 37
予算管理 ………… 28
予算実績差異分析 ………… 34
予算編成目的 ………… 63
予防原価 ………… 166

ら

ライフサイクル・コスティング ………… 163
利益管理 ………… 157
利益センター（プロフィット・センター） ………… 186
利殖係数（終価係数） ………… 111
リニア・プログラミング ………… 82

〈編著者紹介〉
CPA会計学院

公認会計士試験資格スクールとして、圧倒的な合格実績を誇る。
創設は昭和43年。わが国で初めて全日制による公認会計士受験指導を始めたスクールとして誕生した。本質が理解できる講義・教材により、全国の学生・社会人から支持を得ている。
創設以来、全国展開をせず、受講生一人ひとりを手厚くフォローする戦略により、合格者の過半数以上を輩出。
2023年公認会計士試験では全体合格者1,544名の内、786名の合格者の輩出、総合１位合格者の輩出など圧倒的な実績を残している。
「CPAラーニング」を通じて、簿記・会計教育の浸透に取り組んでいる。

いちばんわかる日商簿記１級
工業簿記・原価計算の教科書　第Ⅱ部

2023年５月18日　初版第１刷発行
2024年９月20日　初版第２刷発行

編著者　CPA会計学院

発行者　CPA出版
住所：〒160-0022　東京都新宿区新宿3-14-20 新宿テアトルビル5F
アドレス：cpa-learning@cpa-net.jp
URL：https://www.cpa-learning.com/

発売　サンクチュアリ出版
〒113-0023　東京都文京区向丘2-14-9
電話：03-5834-2507　FAX：03-5834-2508

印刷・製本　シナノ書籍印刷株式会社

ISBN978-4-8014-9391-9